鎌倉オチビサンポ

—花ごよみとめぐる旅—

監修　安野モヨコ

もくじ

本書の見方

- ☎：電話番号、問い合わせ
- HP：ホームページ
- 休：休業日
- P：駐車場
- MAP：地図掲載ページ
- 🏠：所在地
- 🕘：拝観時間（寺社）、営業時間（店舗・施設）
- ¥：料金
- 👣：アクセス

※本書に掲載したデータは、2019年9月現在のものです。寺社や店舗・施設の情報、価格等は変動する場合がございますので、ご了承ください。
※所在地は「神奈川県」を省略して記載しています。
※休業日は、定休日のみを記載しています。臨時休業、年末年始やお盆の休みにつきましては、各寺社・店舗・施設へお問い合わせください。
※拝観料（寺社）、商品・サービスの価格（店舗・施設）等の料金は、基本的に税込表記で掲載しています。税別の場合は（税別）と記載しています。
※アクセスは、目安の所要時間を掲載しています。移動（交通）手段は複数ございます。

オチビサンと豆粒町の仲間たち

Ochibi-san and Friends in Mametsubu-cyo

本書で鎌倉の名所を案内するオチビサンとその仲間たちをご紹介！

オチビサン

豆粒町の赤い屋根の家で暮らしている。毎日、元気に豆粒町を走りまわっている。

ナゼニ

オチビサンとパンくいの親友。本が大好き。なにかを調べるのが大好き。いつも物事を深く考えている。

パンくい

オチビサンとナゼニの親友。パンが大好き。料理が大得意。いつもパンのことを考えている。

おじい

オチビサンと仲間たちをいつもあたたかく見守っている。

ジャック

いたずらっこ。ドカンをねぐらにしている。おじいと仲よし。

豆粒町

鎌倉のどこかにある小さな町、豆粒町。仲間たちと一緒に、オチビサンは毎日遊びに大忙し。

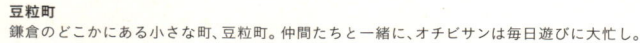

へビくん

春になるといつも
オチビサンたちの
もとへやってくる。
卵が好き。

シロッポイ

雪が降った
つぎの日に、
湯気から生まれた
「白っぽいなにか」。
オチビサンと一緒に
暮らしている。

アカメちゃん

迷子のうさぎの子。
いつの間にか
豆粒町に住むようになった。
月を見ると
かなしくて
泣いてしまう。

鎌倉オチビサンポを
手にとって下さった 皆様へ

オチビサンの住む 鎌倉に
ようこそ おいで下さいました。

今も古く なつかしい 街並と のんびりした
空気が そこかしこに 残る鎌倉ですが
哀しいことに その古い家々も 少しずつ
消えていっています。
私はその 消えた お屋敷や 小さな茂みを
オチビサンのいる 豆粒町に 描くことで
残していきたいと 思っています。

今ある 街並も かつてあったであろう 街並も
この本を 片手に お散歩しながら
オチビと一緒に 探してみて下さい。

安野百葉子

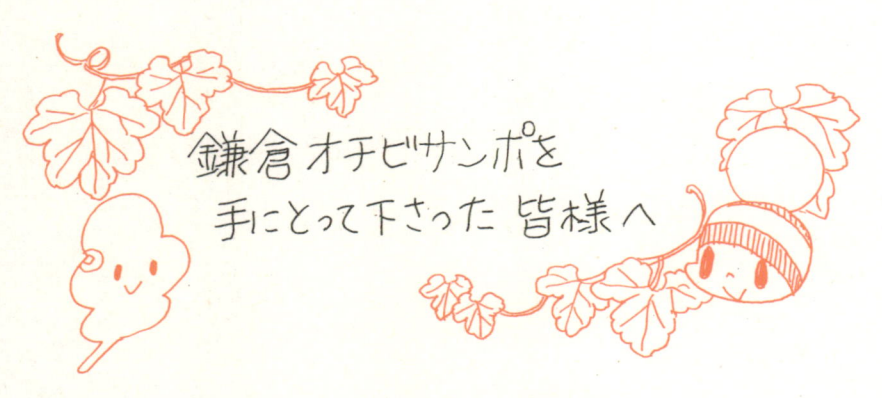

12か月の鎌倉オチビサンポ

Month-to-Month Ochibi-san's Guide to Kamakura

12か月、四季折々の花や植物を
見られる寺社、すてきなお店、
季節にあわせたおすすめの
場所などをご案内。
オチビサンたちと
ほのぼのあたたかな
鎌倉の旅へ――。

1月の鎌倉オチビサンポ

Ochibi-san's Guide: January

凍てつく寒さのなかで見ごろをむかえるのが、黄色の花に甘い香りをただよわせるろうばい、清楚な立ち姿のすいせん、そして藁帽子のなかで咲く冬ぼたん。あたたかい部屋を飛び出して、冬の花たちにあいに出かけませんか。

1月のオチビサンポおすすめコース

Ochibi-san's Recommended Course in January

ほら見てごらん
シロッポイ
春を知らせる
ロウバイだよ
1

1. ろうばいとすいせん散策

P10 ↓ P13

寒空の下でやさしい黄色の花をつけるろうばい。お寺の境内では心がなごむシーンに出あえます。足もとを見れば、可憐なすいせんが。

宝戒寺のろうばい。

→ P10-11

約20分

海蔵寺のろうばいとすいせん。

→ P12-13

1月も
かわいい花が
いっぱい～

約15分

鶴岡八幡宮のぼたん（左）と段葛の二ノ鳥居（右）。
→P14-15

2. 若宮大路と段葛冬ぼたん散策

若宮大路の中央にのびる参道「段葛」を通って鶴岡八幡宮へ。藁囲いに守られながら、冬ぼたんが色あざやかに咲いています。

P14↓P15

約30分

3. ろうばい散策

再び、ろうばいが見ごろのお寺へ。ろう細工のような花びらが光に透けてきれいです。ふんわり甘い香りがたまりません。

P14

光則寺のろうばい。
→P14

寒い季節でも花が楽しめるスポットがいろいろある♪

約10分

4. 大仏さまに会いに

鎌倉を訪れたら高徳院ははずせません。鎌倉大仏こと国宝銅造阿弥陀如来坐像がどっしりと鎮座。大仏さまグッズもたくさん見つけて。

P16

高徳院の大仏さま。
→P16

大仏さまの胎内に入ることができるんだって

オチビもお正月は食べすぎた
わあ
わあ

ろうばいとすいせん散策

Wintersweet & Narcissus Viewing

宝戒寺《ほうかいじ》

冬の境内を黄色に染めるろうばい

鎌倉幕府の執権だった北条氏の邸宅跡に建つ天台宗の寺。1335（建武2）年、後醍醐天皇の命により、足利尊氏が建立した。境内は冬の花が咲きそろうことで知られている。色味が限られるこのシーズン、寒空の下でろうばいのやさしい黄色を目にすれば、心がふっとなごむはず。つややかな花びらが透けるようすもきれい。

雪中四花と呼ばれるろうばい、すいせん、うめ、つばきのいずれもが境内で観賞できる。

ろうばいを見あげたのち、目線を落とすと、可憐なすいせんが咲き誇っている。

ろうばい［蝋梅］

見ごろ：12月中旬～2月
別名：からうめ（唐梅）
花言葉：慈愛、慈しみ、ゆかしさ、先見

：0467-22-5512
：鎌倉市小町 3-5-22
：8:00-16:30　休：なし
¥：200円　P：なし
：JR鎌倉駅から徒歩12分
MAP：P186 マップ A

ろう細工のような質感のろうばい。甘い香りを放つ。

（左）足元にふくじゅそうが。（右）白いろうばいも趣がある。

海蔵寺《かいぞうじ》

すいせん ［水仙］

見ごろ：12月中旬～2月下旬
別名：せっちゅうか(雪中花)
花言葉：自己愛、うぬぼれ、神秘

訪れる人を魅了する花と水の寺

谷戸の奥に位置する臨済宗建長寺派の古刹。境内は一年中、花が絶えることなく、1月はすいせんやろうばいが見ごろをむかえる。山門脇の「底脱《そこぬけ》ノ《の》井《い》」は、江戸時代に選定された良質な井戸「鎌倉十井《じっせい》」のひとつ。薬師堂の裏手には湧き水がたまり、かれることのない「十六の井」もあり、水の寺としても親しまれる。

山門をくぐり、本堂へつづく参道沿いに手入れの行き届いた庭が広がる。

冬のひだまりのなかでぽつりぽつりと咲きはじめたピンクのうめ。

☎：0467-22-3175
⌂：鎌倉市扇ガ谷 4-18-8
◷：9:00-16:00　休：なし
¥：志納、十六の井 100円
P：あり
✔：JR 鎌倉駅から徒歩 20 分
MAP：P186 マップ B

花の少ない時期に境内を彩るろうばい。芳香を放ちながら、下向きに花をつけている。

ろうばい散策

Wintersweet Viewing

光則寺《こうそくじ》

花の名所でかぐわしい
ろうばいが満開

長谷寺と高徳院の間にある日蓮宗の寺社。赤い山門の先には四季折々の花木で埋め尽くされた境内が。小道や池の周辺で甘い香りをただよわせるろうばいのほか、つばきやみつまた、うめもあわせて観賞できる。日蓮の弟子・日朗が幽閉されたという土牢が残る。

大ぶりの木に花開くろうばい。

1274（文永11）年に建立された小さな寺。心静かに花を愛でることができる。

☎：0467-22-2077
🏠：鎌倉市長谷 3-9-7
🕘：8:00-17:00　休：なし
¥：100円　P：なし
✔：江ノ電長谷駅から徒歩7分
MAP：P188 マップ E

冬ぼたん散策

Winter Peony Viewing

鶴岡八幡宮《つるがおかはちまんぐう》

藁囲いに守られて
咲き誇る可憐な花

こちらは古都鎌倉の象徴ともいえる神社。三ノ鳥居をくぐってすぐ右手、源氏池に沿った「神苑ぼたん庭園」では、春だけでなく冬も色あざやかなぼたんが満喫できる。厳冬期に藁囲いのなかで健気に咲く姿はりんとして、愛らしくもある。

100品種1000株のぼたんを栽培。

ぼたん［牡丹］

見ごろ：1月～2月中旬、
　　　　4月上旬～5月上旬
別名：ふうきか（富貴花）、
　　　かおう（花王）など
花言葉：風格、富貴、恥じらい

☎：0467-22-0315
🏠：鎌倉市雪ノ下 2-1-31
HP：hachimangu.or.jp
🕘：6:00-20:30、宝物殿 9:00-16:00
休：なし
¥：拝観無料、宝物殿200円、ぼたん園500円
P：あり　✔：JR 鎌倉駅から徒歩10分
MAP：P186 マップ A

1182年に創建され、2015〜16年の「平成の大改修」を終えて生まれ変わった段葛。春はさくらのトンネルに。 MAP：P186マップA

若宮大路と段葛

Wakamiyaoji Street & Dankazura

鶴岡八幡宮のおひざもと
古都・鎌倉のメインストリート

由比ヶ浜から鶴岡八幡宮へとつづく参道、若宮大路。源頼朝が妻・政子の安産を祈願して築かれたといわれる歴史的な道だ。歩道沿いはさまざまなお店やカフェでにぎわう。二ノ鳥居から三ノ鳥居の約500mほどの一段高い歩道が段葛。新年はお着物をきて買い物を楽しんだり、鶴岡八幡宮へお参りに出かけてみては。

お着物をきて

レトロかわいい着物で
町あるきを楽しむ

レンタル着物・着付け
あんさんぶる

☎：0468-38-7023
住所：鎌倉市小町 1-3-7 カタノビル 2F
HP：kamakura-kimono.com
営業時間：9:30-18:00（17:30 返却）
休：火曜（祝日の場合は翌日） P：なし
アクセス：JR鎌倉駅から徒歩3分
¥：着物レンタル（着付け代込）4300円（税別）〜
MAP：P187 マップ D

大仏さまに会いに

The Great Buddha of Kamakura

緑深い山々を借景に
海を望んで鎮座する
美しく荘厳なたたずまい。
鎌倉を訪れたら、
まずは大仏さまに会いに。

高徳院

☎：0467-22-0703　住所：鎌倉市長谷 4-2-28
HP：kotoku-in.jp
営業時間：8:00-17:15（10〜3月は8:00-16:45）
休：なし　¥：300円、大仏胎内20円
P：なし　アクセス：江ノ電長谷駅から徒歩7分
MAP：P188 マップ E

大仏さまモチーフをさがしに

Looking for the Great Buddha Goods

食べるのが もったいない 大仏さまのクレープ

長谷寺のそばにあるおしゃれなコーヒースタンド。名物の「大仏ビスケットつきクレープ」は見た目も楽しく、味も絶品。クレープは季節のフルーツなどを使ったものが月替わりで2種類楽しめる。店内手づくりのお菓子にあわせたコーヒーは、酸味・苦味スペシャリティが数種類あり、ハンドドリップで丁寧に淹れてくれる。

KANNON COFFEE kamakura

かんのんコーヒー かまくら

☎：0467-84-7898
住所：鎌倉市長谷 3-10-29
HP：kannoncoffee.com
営業時間：10:00-18:00
休：なし　P：なし
アクセス：江ノ電長谷駅から徒歩3分
MAP：P188 マップ E

（左）ナチュラルで開放感あふれる店がまえ。（右）大仏ビスケットつきクレープ800円。

鎌倉店限定のメモパッド（左）380円（税別）とマスキングテープ（右）450円（税別）。
手紙舎鎌倉店→P132

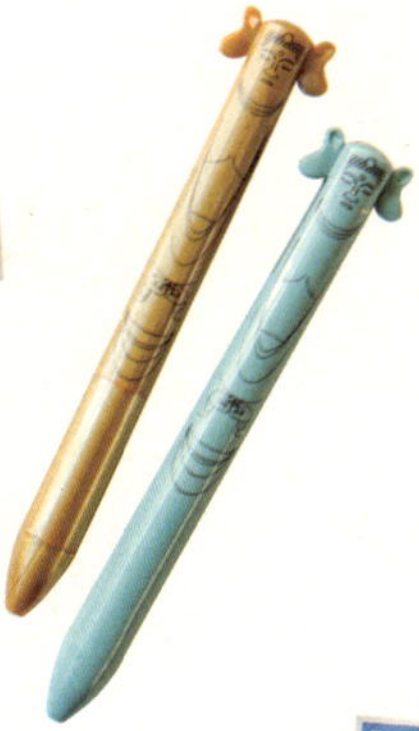

高徳院境内にあるおみやげ店の福耳大仏ボールペン各550円。

折笠商店
おりかさしょうてん
☎：0467-22-0890
住所：鎌倉市長谷4-2-28 高徳院境内
営業時間：9:00-17:30（10～3月は9:00-17:00）
休：なし　P：なし
アクセス：江ノ電長谷駅から徒歩10分
MAP：P188 マップ E

手のひらサイズのご当地だるま「子だるま 鎌倉大仏」（左）1000円（税別）、「注染手拭い 鎌倉の山」（右）1500円（税別）。
鎌倉八座→P131

かわいいオリジナルのグッズ。左から切手150円・220円、ポストカード162円。
鎌倉・文具と雑貨の店 コトリ
→P130

2月の鎌倉オチビサンポ
Ochibi-san's Guide: February

まだまだ寒さは厳しいけれど、春はもうすぐそこ。つばきが咲き誇る一方で、2月も半ばを過ぎればうめの花が咲きはじめます。日差しにぬくもりを感じはじめるこの季節。自然のなかに、街に、小さな春を見つけに行きませんか？

2月のオチビサンポおすすめコース
Ochibi-san's Recommended Course in February

1. うめとつばき散策

P20
↓
P28

うめやつばきが咲きはじめると、少しずつ春が近づくのを感じます。白梅のなかに桃色のうめが咲くめずらしい木もありますよ。

浄妙寺の紅白梅。
→ P20-21

約5分

報国寺のうめとつばき。
→ P22

約15分

荏柄天神社のうめ。
→ P26-27
（荏柄天神社→
妙本寺は約25分）

妙本寺のつばき。
→ P24-25

約25分

2. 手しごとのぬくもり くらしの雑貨店

P30 ↓ P34

手しごとのぬくもりが伝わってくる品を扱うショップにおじゃましてみましょう。器をはじめ、すてきな生活雑貨に出あえます。

日々の暮らしに
すぐに
取り入れたく
なるなぁ

もやい工藝の素敵な器たち。
→ P30-31

約15分

3. いとしのチョコレート

P35 ↓ P37

ひと粒口に入れるだけで幸せな気持ちになるチョコレートは、まるで魔法のよう。イートイン、テイクアウトで楽しんで。

CHOCOLATE BANK の
チョコルネ。
→ P35

きっと
バレンタインの
贈りものが
見つかるはず

パンくい思うに
バレンタインってのは‥
「チョコレートへの
愛を告白する日」
なんだよ
6

うめとつばき散策

Japanese Apricot & Camellia Viewing

浄妙寺《じょうみょうじ》

うめ観賞の余韻にひたり茶席で一服

1188（文治4）年創建の名寺で、禅宗の寺格を表す「鎌倉五山」第5位。境内は国指定史跡で、どっしりとした風格がただよう本堂に本尊の釈迦如来坐像を安置。書院造りの喜泉庵では、枯山水の庭園を眺めながら抹茶が味わえる。四季折々に花を愛でることができ、早春は紅梅と白梅の競演にうっとりするはず。

主な花の種類

【紅白梅】

総門前に白梅、山門をくぐると本堂までつづく参道の左右に紅白のうめの木が連なる。つばきは赤・ピンク・白の一重咲きのほか、斑入りのものも見られる。

臨済宗建長寺派の寺。銅葺き屋根の本堂へ石畳の参道がつづく。

やぶつばき、わびすけなど数々のつばきも境内をあざやかに彩る。

本堂前では隣あわせの紅梅と白梅の入り乱れた眺めが。

うめ［梅］

見ごろ：１月下旬～３月上旬
別名：こうぶんぼく（好文木）、このはな（木花）、はるつげぐさ（春告草）、においぐさ（匂草）、はなのあに（花の兄）など
花言葉：高貴、高潔、忠実、不屈の精神、忍耐

：0467-22-2818
：鎌倉市浄明寺 3-8-31
：9:00-16:30　休：なし
¥：100円　P：あり
：京急バス停「浄明寺」から徒歩５分
MAP：P187 マップ C

（左）しずくをまとって情緒的。（右）「青軸」というがくが緑の白梅。

報国寺《ほうこくじ》

つばき［椿］

見ごろ：1月下旬～4月上旬
別名：やぶつばき（藪椿）、
　　　たいとうか（耐冬花）
花言葉：ひかえめな素晴らしさ、
　　　　気取らない優美さ、謙虚

本堂の横を抜けて竹の庭へ向かう途中。竹をバックにやぶつばきがこんもりと茂っている。

竹につばきにうめ みごたえのある寺へ

1334（建武元）年、足利尊氏の祖父・家時によって創建された禅刹。約2000本のみごとな竹林があることで名高い。その脇であでやかに咲き乱れるつばきに目をうばわれる。

主な花の種類

【紅白梅、しだれ梅】

竹林に入る前の山門から本堂周辺に紅白梅、しだれ梅がある。竹林、松の木との松竹梅コントラストが美しい。紅白のつばきも自生している。

臨済宗建長寺派の寺。毎週日曜、だれもが参加できる座禅会を開催している。

☎：0467-22-0762
🏠：鎌倉市浄明寺 2-7-4
HP：houkokuji.or.jp　🕘：9:00-16:00
休：12月29日～1月3日
¥：拝観無料、竹庭入園300円
P：あり
👣：京急バス停「浄明寺」から徒歩3分
MAP：P187 マップ C

家時らの墓と伝えられる「やぐら」。

うめも早春の景色に彩りをそえる。

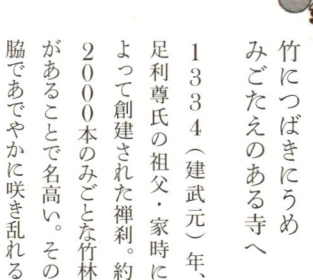

宝戒寺 ほうかいじ

多彩なうめとつばきが競演する

鎌倉では数少ない天台宗の寺。本堂に上がり、本尊であり、国の重要文化財に指定された子《こ》育《そだて》経《きょう》読《よみ》地蔵大菩薩が間近に拝観できる。本堂手前ではしなやかに枝を垂れる、しだれ梅の優美な姿を楽しみたい。赤、白、ピンク、紅白絞りなど、つばきのバリエーションも豊富で、早春ならではの花景色に心が浮き立つ。

主な花の種類

【紅白梅、しだれ梅、思いのまま】

さまざまな種類のうめが植えられるなか、1本の木に八重の紅白の花を一緒につける「思いのまま」がとても美しい。100種類以上のつばきの花が10月下旬から5月まで咲きつづける。

☎：0467-22-5512
🏠：鎌倉市小町 3-5-22
🕗：8:00-16:30　休：なし
¥：200円　P：なし
👟：JR 鎌倉駅から徒歩12分
MAP：P186 マップ A

つばきの間でさえずるめじろを発見。愛らしい姿にほっこり。

紅梅や白梅、受付正面では白梅のなかにきまぐれに桃色のうめが咲く「思いのまま」をお見逃しなく。

妙本寺《みょうほんじ》

日蓮が開いた歴史あるお寺で花めぐく

1260（文応元）年創建で、日蓮宗最古の寺。鎌倉時代、北条氏に滅ぼされた比企《ひき》一族と縁深い。大規模な木造建築である祖師堂は、総門からつづく参道の先に鎮座し、存在感たっぷり。境内のあちらこちらでうめが香しく、上品なピンクをまとった「侘助 太郎冠者」（次ページ）などのつばきも咲き誇る。

主な花の種類

【紅白梅】

境内の至るところに紅白梅があり、日蓮聖人銅像周辺には見事な紅梅が。つばき「侘助 太郎冠者」がピンクの花をたくさんつける。

：0467-22-0777

：鎌倉市大町 1-15-1

HP：myohonji.or.jp

：9:00-16:00ごろ　休：なし

¥：志納　P：なし

：JR鎌倉駅から徒歩10分

MAP：P186 マップA

祖師堂手前や日蓮聖人銅像あたりでうめ観賞を。

白梅にちょこんととまるめじろがかわいらしい。時おり、くちばしを花の中に入れ、蜜をすっている。

うめ散策
Japanese Apricot Viewing

荏柄天神社《えがらてんじんしゃ》

天神様を祀る朱色の拝殿前が華やぐ

太宰府天満宮、北野天満宮とともに日本三古天神と称され、学問の神、菅原道真公を祀る。受験シーズンは多くの参拝客で大にぎわい。石段脇から境内にかけてうめの木が立ち並び、朱塗りの拝殿に向かって右手に濃いピンクに色づく大ぶりの「寒紅梅」が。左手には「古代青軸」と呼ばれ、緑色のがくが特徴の小ぶりの白梅が観賞できる。

主な花の種類

【寒紅梅、古代青軸】

境内には道真公にちなんで多くのうめの木が植えられている。本殿向かって右手の紅梅が「寒紅梅」。向かって左手が白梅「古代青軸」。

1180年(治承4年)、鎌倉・大倉の地に幕府を開いた源頼朝が社殿を造立した。

うめは道真公とゆかりがあり、神紋にうめを用い、境内にうめを植えている。

鎌倉でもっとも早く咲くという「寒紅梅」。「古代青軸」は2月上旬が見ごろ。

☎:0467-25-1772
⌂:鎌倉市二階堂74
HP:tenjinsha.com
🕘:8:30-16:30　休:なし
¥:無料　P:なし
👟:京急バス停「天神前」から徒歩3分
MAP:P187 マップC

(左)うめの向こうに大銀杏が。(右)絵馬が奉納されている。

安国論寺《あんこくろんじ》

本堂前では枝を伸ばし、ぽってりとしたピンクの花をつけたうめが、今が盛りとばかりに咲き誇る。

日蓮がこもった岩屋がある寺で梅見を

鎌倉に入った日蓮が最初に庵をかまえた場所。『立正安国論』を書いたとされる岩窟が残る。うめをはじめ、妙法桜と呼ばれる日蓮ゆかりの山桜、あじさいなどの花々が季節を告げる。

主な花の種類

【紅白梅、しだれ梅】

門を入ると参道左手に白梅としだれ梅、本堂左手に紅梅（ピンク色の八重咲き）、日蓮岩屋前にも大きな白梅がある。

落ち着いた雰囲気につつまれた境内で、ポツリポツリと咲きはじめた白梅。

- ☎：0467-22-4825
- ⌂：鎌倉市大町 4-4-18
- ◷：9:00-16:30
- 休：月曜（祝日の場合は開門）
- ¥：100円　P：なし
- 🚶：JR 鎌倉駅から徒歩 15分
- MAP：P187 マップ D

本堂前に置かれた仏足石。

日蓮宗の寺院で、創建は1253（建長5）年。

オチビサンの冬採集帳
Ochibi-san's Winter Collection

すいせん、つばき、うめの花。春を告げるふきのとうなど、冬の豆粒町も花や植物であふれています。寒い日も、オチビサンたちは楽しい遊びや冬の風物詩を見つけて大忙し。

冬の花たち Winter Flowers

すいせん［水仙］
（4巻 P118）

じんちょうげ［沈丁花］
（2巻 P116）

つばき［椿］
（3巻 P110）

うめ［梅］
（7巻 P54）

冬のあじさい［紫陽花］
（5巻 P59）

ふきのとう［蕗の薹］
（7巻 P52）

お正月 New Year

書き初め（9巻 P5）

ことりの新年祝賀会（4巻 P98）

冬の風物詩 Winter Features

アイススケート
（2巻 P100）

しもばしら
（8巻 P44）

おもちつき
（7巻 P46）

（ ）内はマンガ『オチビサン』の掲載巻・ページを記載しています。

手しごとのぬくもり くらしの雑貨店

Handmade Shops

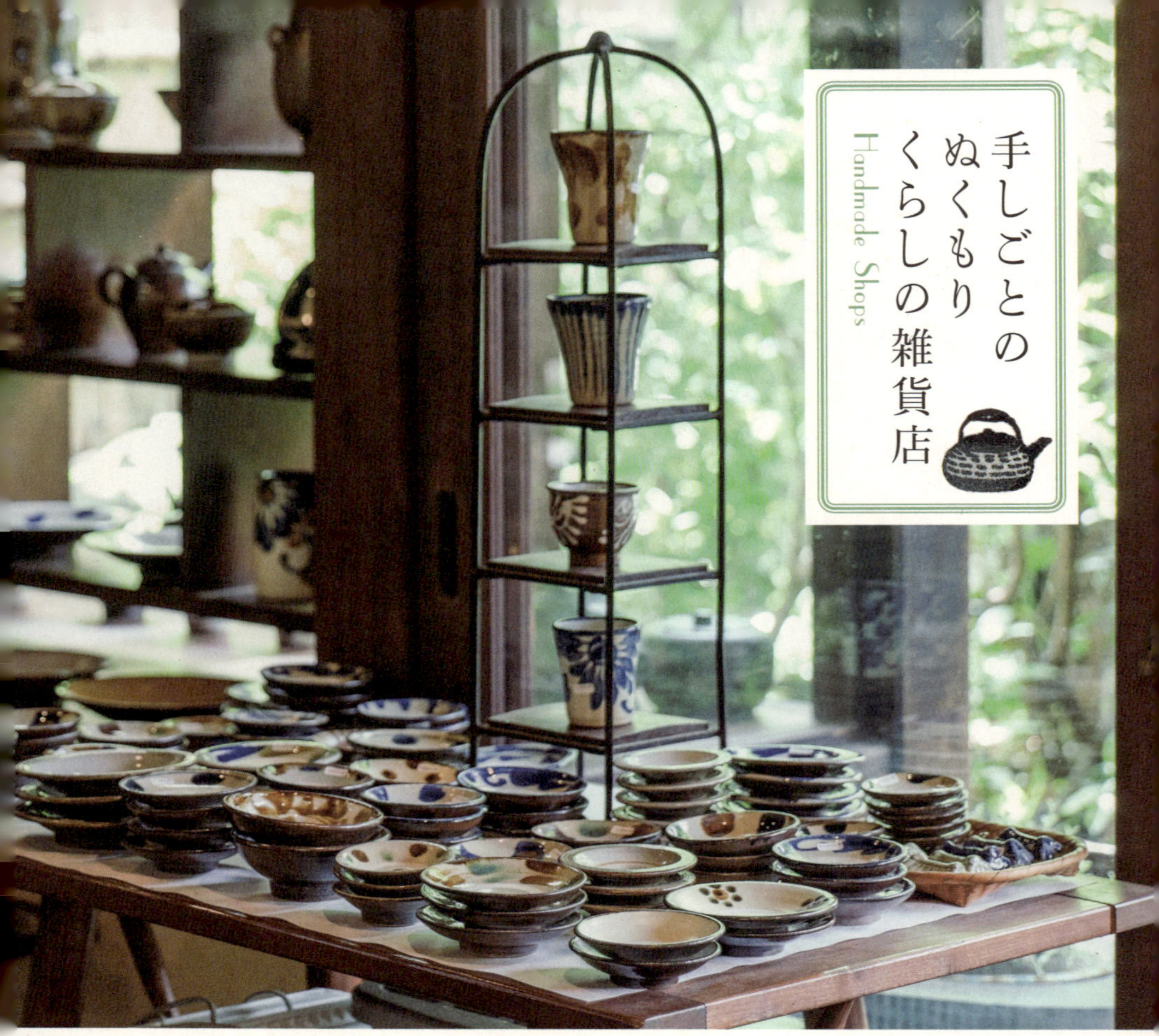

もやい工藝《もやいこうげい》

美しい手仕事に出あい、心が喜ぶ

日本各地の工房に足を運び、つくり手と対話したうえで選ぶという手仕事の数々が、所せましと並ぶ。約50の窯元による陶磁器をはじめ、竹細工、吹きガラス、染織物などを手に取りながら、じっくりと民芸に向きあえる。店内に心地よい風が通り、にこやかなスタッフとのやりとりも楽しく、つい長居をしてしまいそう。

創業は50年ほど前。全国の伝統的な建築スタイルを盛りこんだ日本家屋で営んでいる。

沖縄のやちむん(焼き物)はおおらかで力強い。三彩点打ちや唐草などの伝統紋様が施されている。

民芸の普及に努めた先代の遺志を、2代目が受け継ぐ店。

☎：0467-22-1822
⌂：鎌倉市佐助 2-1-10
HP：moyaikogei.jp
◷：10:00-17:00
休：火曜（祝日は営業）　P：なし
：JR鎌倉駅から徒歩10分
MAP：P186 マップA

(左)涼を感じる倉敷ガラスの器。(右)長方形のパン皿はケヤキ製。使うほどに味が出る。

夏椿 なつつばき

和の空間で対面する
センスただよう雑貨

戦前に建てられた一軒家の風情を残しつつ、店主の恵藤文さんが生活雑貨の店に改装。個性がありながらも日常生活にすっとなじむ器やアクセサリー、ウェアなどは、全国の作家50人ほどによるもの。毎月、個展を開催している。

緑につつまれた住宅街で、ひと際りっぱな門がまえ。白が清々しいのれんをくぐり、いざ母屋へ。

☎：0467-84-8632
🏠：鎌倉市佐助 2-13-15
HP：natsutsubaki.com　🕘：11:00-17:00
休：月・火曜（祝日は営業、振替休あり）
P：あり（平日）
👣：JR鎌倉駅から徒歩15分
MAP：P186 マップ A

（左）竹下努さんの青白磁稜花取皿。（右）mapuimaloの草木染めブラウス。

四季折々の花木が植えられた庭から見た母屋。東京・世田谷で営業ののち、2018年にここ鎌倉の地へ移転した。

fabric camp
ファブリックキャンプ

インドのポップな布に目移りしそう

インドのカディコットンやブロックプリント生地、アフリカンバティックなどを扱う布専門店。手紬ぎ、手織りによるカディコットンは気持ちのよい肌触り。版画のように色を重ねたブロックプリントは約200種類も。木版のズレや色ムラは、ハンドメイドならではの味わい。

鎌倉在住のアーティスト、小山千夏さんの店。ブルーのドアが目印。

服をセミオーダーできる。

ポップなブロックプリント。

☎：0467-24-9000
⌂：鎌倉市雪ノ下 1-16-23
HP：fabric-camp.jp　◷：10:00-17:00
休：水・土曜　P：なし
♥：JR鎌倉駅から徒歩10分
MAP：P187 マップ C

思わず手がのびる、刺繍やスパンコールを施した色とりどりのリボン。店内ではワークショップや企画展を開催。

いとしのチョコレート

My Dear Chocolatiers in Kamakura

サクサクのクロワッサンに生チョコクリームをたっぷりつめたチョコルネ クラシック500円(税別)。

CHOCOLATE BANK

チョコレート バンク

さあ、チョコレートと魔法の世界へ

生チョコ専門店「ca ca o」の姉妹店として、銀行跡地をリノベーション。〝チョコレートと魔法の世界へ〟をコンセプトにスイーツやドリンク、カカオを使ったコスメなど、幅広い商品を扱う。夜は店内奥の金庫室で「cacao BAR」が開かれるなど、さまざまなチョコレートの魅力を体験できる。

自分への
ごほうびや
大切なあの人への
贈りものに…！

写真提供：CHOCOLATE BANK

☎：0467-50-0172　住所：鎌倉市御成町11-8

HP：chocolatebank.jp　時間：10:00-18:00

休：月曜（祝日の場合は翌日）　P：なし

アクセス：JR鎌倉駅から徒歩1分

MAP：P186 マップA

CHOCOLATE BANK

永く歴史を刻んだ趣のある建物。外からも厨房がのぞける。

フォンダンショコラ600円（税別）は生クリームを添えて。

ダンデライオン・チョコレート《ダンデライオン・チョコレート》 鎌倉店《かまくらてん》

ダンデライオン・チョコレート・クロワッサン390円(税別)。

つくりたての
こだわりチョコレート

シングルオリジンのカカオ豆からチョコレートをつくるBean to Barチョコレートのお店。朝食にもおすすめ、数量限定のチョコレート・クロワッサンは鎌倉店だけで楽しめる。木のぬくもりを感じられる店内は居心地も◎。

(上)雰囲気のよい店内。(下)ブラウニーバイトフライト630円(税別)。

写真提供：©Dandelion Chocolate Japan
☎：0467-53-8393
🏠：鎌倉市御成町 12-32
HP：dandelionchocolate.jp
🕘：8:00-20:00 (19:30LO)　休：不定休
P：なし　✔：JR鎌倉駅から徒歩1分
MAP：P186 マップ A

Bonnel Cafe《ボンヌカフェ》 鎌倉駅前店《かまくらえきまえてん》

ホットスティックチョコレート「大人みるく」550円。

見た目も味も新感覚
あっと驚くスイーツを

「おいしく食べて今日も幸せ」がコンセプト。チョコをホットミルクに溶かして食べる「ホットスティックチョコレート」は新感覚のおいしさで、素材や口溶けにこだわり丁寧に手づくりしている。カカオタピオカのドリンクも人気。

人気のドリンク、ミルクショコラ＋カカオタピオカ570円(左)、抹茶ラテ＋カカオタピオカ600円(右)。

写真提供：Bonnel Cafe
☎：0467-95-3885
🏠：鎌倉市御成町 12-11
🕘：11:00-19:00　休：水曜　P：なし
✔：JR鎌倉駅から徒歩1分
MAP：P186 マップ A

ショコラトリーカルヴァ《ショコラトリーカルヴァ》 北鎌倉門前《きたかまくらもんぜん》

(上)店名の「門前」は円覚寺の門前であることに由来。文豪・川端康成が名づけたといわれる。(下)ボンボンショコラも常時30種類ほど並ぶ。

羊羹ショコラ2260円(税別)は羊羹とガナッシュの2層。

和洋を一度に味わえる至福のショコラ

オーナーパティシエの田中二朗さんが、日本人としての誇りを持ち「自分にしかできないショコラトリーをつくりたい」という思いからお店を開いた。和菓子の要素とチョコレートの技法を取り入れ生まれた「羊羹ショコラ」はとても独創的。

写真提供：ショコラトリーカルヴァ

☎：0467-38-6259　🏠：鎌倉市山ノ内407

HP：chocolaterie.calva.jp　🕘：10:00-17:00

休：火・水曜　P：なし

👣：JR北鎌倉駅から徒歩3分

MAP：P186 マップB

バニラビーンズ《バニラビーンズ》 鎌倉店《かまくらてん》

ジャパニーズモダンな雰囲気のお店。対象のドリンクにはブッダチョコレートがつく。

鎌倉店限定フォンダンショコラ972円。宇治抹茶ソースが絶妙。

開放的な空間で心安らぐひとときを

素材やおいしさにとことんこだわるチョコレートブランド。伝統工芸を用いた木のぬくもりあふれる店内で、散策の合間にのんびりとくつろぎたい。大仏さまモチーフの限定スイーツやグッズに顔がほころぶ。

写真提供：バニラビーンズ

☎：0467-60-5550

🏠：鎌倉市雪ノ下1-2-2

HP：vanillabeans.yokohama

🕘：10:00-18:00 (17:00LO)　休：水曜

P：なし　👣：JR鎌倉駅から徒歩7分

MAP：P186 マップA

3月の鎌倉オチビサンポ

Ochibi-san's Guide: March

「花月」とも呼ばれる3月。空に向かって大木の枝いっぱいに花をつけるもくれんやこぶし、太い幹から花枝が垂れ下がる艶やかなしだれ桜に、心がわくわく躍ります。春を感じさせるこだわりごはんも楽しみのひとつ。

3月のオチビサンポおすすめコース

Ochibi-san's Recommended Course in March

1. もくれんの仲間としだれ桜さんぽ

P40→P48

乳白色の白もくれんや、白もくれんと紫もくれんの交配種である更紗もくれんなど、お寺や神社は花ざかり。同時期にしだれ桜も観賞できます。

陽の当たらない場所で頑張って咲いたお花は豆粒町の法律で上に乗れるくらい強くなるの
初耳だ
5

もくれんの仲間、こぶしの花言葉は「友情」なんだな

円覚寺のこぶし。→P40-42

約5分

東慶寺のしだれ桜。→P46-47

明月院のしだれ桜。→P45
(明月院→東慶寺は約10分)

春の花があちこちに！

建長寺のもくれん(左)としだれ桜(右)。
→P44

約15分

約20分

2. こだわりごはん

焼き魚や玉子焼の定食、土鍋ごはんやエスニックカレー。店主がこだわりぬいてつくる料理を味わえば、だれもがにっこり笑顔に。

P50→P53

黄金色をした
ふわふわの
玉子焼！
食べたいなぁ

玉子焼おざわの玉子焼御膳。
→P51

約20分

3. しだれ桜散策

おいしい食事でお腹も心も満たしたら散策を再開。薄紅色の花をつけた枝が四方に垂れ広がるしだれ桜に心うばわれます。

P45→P48

安国論寺のしだれ桜。
→P48

春風と一緒に
枝がふわりと
揺れ動くのも
いいながめ

もくれんの仲間としだれ桜さんぽ

Magnolia & Weeping Cherry Viewing

こぶし［辛夷］

見ごろ：３月中旬～４月上旬
別名：たうちざくら（田打ち桜）
花言葉：友情、友愛、愛らしさ、自然の愛

春の訪れを告げる
こぶし、白もくれん、
紫あざやかなもくれん。
しだれ桜も咲き乱れ、
早春の花さんぽへ。

円覚寺の純白のこぶしが見事。→**円覚寺 P42**

円覚寺《えんがくじ》

鎌倉唯一の国宝がある寺で春を満喫

臨済宗円覚寺派の本山。見どころが多く、国宝の舎利殿は日本最古の禅宗式建築。花の名所であり、しだれ桜やこぶし、もくれん、れんぎょうなどが春の景色をつむぐ。

主な花の種類

【こぶし、白もくれん、しだれ桜】

モクレン科のこぶしのほか、白もくれん、龍隠庵付近には大きなしだれ桜が。

北条時宗により、1282（弘安5）年に建立された。

白もくれん［白木蓮］

見ごろ：3月中旬～下旬
別名：はくれん（白蓮）など
花言葉：気高さ、高潔な心、慈悲

☎：0467-22-0478
🏠：鎌倉市山ノ内 409
HP：engakuji.or.jp
🕘：8:00-16:30（12～2月は8:00-16:00）
休：なし（荒天の日のみ休）　¥：300円
P：なし　👣：JR北鎌倉駅から徒歩1分
MAP：P186 マップ B

境内奥手の黄梅院手前で、あざやかなやまぶきが満開に。

しだれ桜をはじめ、ソメイヨシノや八重桜が咲き、広い境内を散策しながらさくら見物を。

浄智寺《じょうちじ》

山門脇で大きなしだれ桜が存在感たっぷりに花開く。ピンク色が朱塗りの山門と引き立てあう。

閑寂な境内でしだれ桜や古桜でお花見

1281（弘安4）年ごろの創建で、鎌倉五山の第4位。鎌倉十井のひとつ「甘露の井」が湧き、やぐらの中でお腹をさするとご利益があるという布袋尊を祀る。樹齢120年といわれる桜の「タチヒガン（立彼岸）」も立つ。

主な花の種類
【白もくれん、しだれ桜、タチヒガン】

総門横にあるしだれ桜のほか、鎌倉市の天然記念物に指定された「タチヒガン（立彼岸）」の名所として知られる。

しだれ桜［枝垂桜］

見ごろ：3月下旬～4月上旬
別名：いとざくら（糸桜）
花言葉：優美、ごまかし

☎：0467-22-3943
🏠：鎌倉市山ノ内1402
HP：jochiji.com　🕘：9:00-16:30
休：なし　¥：200円　P：あり
👣：JR北鎌倉駅から徒歩8分
MAP：P186 マップB

乳白色の白もくれんが美しい。

鐘楼がついた中国風の山門。

建長寺《けんちょうじ》

五山一として栄えた寺に春がくる

1253（建長5）年、北条時頼が建立した日本最古の本格的な禅寺。仏殿で本尊の地蔵菩薩を安置する。

主な花の種類

【更紗もくれん、しだれ桜】

「更紗もくれん」は、紫もくれんと白もくれんの交雑種でピンク色をしている。三門、同契院などの前にはしだれ桜が見られる。

臨済宗建長寺派の大本山で、鎌倉五山の第1位。

☎：0467-22-0981
⌂：鎌倉市山ノ内8
HP：kenchoji.com
🕘：8:30-16:30　休：なし
¥：500円　P：あり
✔：JR北鎌倉駅から徒歩15分
MAP：P186 マップB

まさに春らんまんといった雰囲気。ソメイヨシノやしだれ桜が咲き誇る。

境内のおごそかな雰囲気を花々がやわらげる。ソメイヨシノと隣りあう「更紗もくれん」が青空に映える。

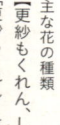

しだれ桜散策

Weeping Cherry Viewing

山門手前の参道の両側に最盛期をむかえたしだれ桜が。薄紅色の花をつけた枝が重なりあう。

明月院《めいげついん》

花ざかりの寺に心浮き立つ

「あじさい寺」の別名で名を馳せ、一年中花に囲まれる。春はしだれ桜を目当てに多くの参拝者が訪れる。

主な花の種類

【しだれ桜】

梅雨の時期には「あじさいの参道」になる石段の横や、本堂前の枯山水の庭に見られる。3月下旬に咲きはじめ、ソメイヨシノが終わるころに見ごろをむかえる。

1160（永暦元）年建立の明月庵にはじまる名刹。

☎：0467-24-3437　⌂：鎌倉市山ノ内 189

◷：9:00-16:00（6月は8:30-17:00）　休：なし

¥：500円　P：なし

JR北鎌倉駅から徒歩10分

MAP：P186 マップ B

花でおめかししたお地蔵さま。

ぼけの赤がまぶしいばかり。

東慶寺 とうけいじ

花香るかつての駆け込み寺

女性を救済する縁切り寺にルーツをもち、1905（明治38）年から男僧寺院として歴史をつなぐ。松岡宝蔵では国の重要文化財の聖観音菩薩立像や東慶寺文書をはじめ、寺伝来の文化財を展示。境内は端正な趣があり、冬は紅白梅、春はしだれ桜、夏はあじさいと、四季折々の花をあげれば枚挙にいとまがない。坐禅会や写経会を開催。

主な花の種類

【しだれ桜】

山門、本堂や茶室「寒雲亭」前にしだれ桜が見られる。彼岸桜やひももなども咲く。

☎：0467-22-1663
⌂：鎌倉市山ノ内 1367
HP：tokeiji.com
🕘：8:30-16:30
（10～3月は8:30-16:00）
休：なし　¥：200円　P：なし
👟：JR北鎌倉駅から徒歩４分
MAP：P186 マップ B

茶室の門を見あげると、苔むした屋根から可憐なすみれが顔をのぞかせる。

本堂前のしだれ桜。春風にのってふわりと枝を揺れ動かすさまはどこかはかなげ。

安国論寺

あんこくろんじ

淡いピンク色の花びらを重ね、上品な美しさをかもし出すしだれ桜。

春めく季節に日蓮ゆかりの寺へ

日蓮が庵を構えた跡に建つ。山門ではみごとに咲きそろったしだれ桜が出むかえてくれる。薄桃色の花のなかにところどころ真紅の花が入り混じる「源平しだれ桃」にも感嘆の声があがる。

主な花の種類

【しだれ桜】

山門と本堂横にしだれ桜が見られる。4月上旬~下旬に咲き、樹齢760年ともいわれる「妙法桜」(山桜)も有名。

日蓮が約20年住みつづけた場所。境内奥に富士見台がある。

「玄海つつじ」が勢いよく咲く。

あでやかな八重咲きの「源平しだれ桃」。

☎:0467-22-4825
住所:鎌倉市大町4-4-18
時間:9:00-16:30
休:月曜(祝日の場合は開門)
¥:100円 P:なし
アクセス:JR鎌倉駅から徒歩15分
MAP:P187 マップD

オチビサンの春採集帳

Ochibi-san's Spring Collection

冬の間に眠っていた木々が目覚め、お寺や神社、町中で草花がつぎつぎとつぼみをほころばせる春。オチビサンたちの住む豆粒町もわくわくと楽しい雰囲気につつまれます。

春の花たち Spring Flowers

もも［桃］（3巻 P114）

こぶし［辛夷］（9巻 P65）

ミモザ（9巻 P17）

アベリア（9巻 P25）

すみれ［菫］（9巻 P18）

のげし［野芥子］（9巻 P71）

はなにら［花韮］（3巻 P118）

つくし［土筆］（1巻 P122）

いぬのふぐり［犬の陰嚢］（3巻 P118）

春のおいしいもの Delicious Spring Things

いちご［苺］（7巻 P9）

そらまめ［蚕豆］（9巻 P78）

（ ）内はマンガ『オチビサン』の掲載巻・ページを記載しています。

越田商店のサバ定食1250円。味噌汁は旬野菜が5種類ほど入る。「飲めば、季節の波にのれますよ」とオーナー。

朝食屋《ちょうしょくや》COBAKABA《コバカバ》

体が目覚める ヘルシーな朝ごはん

一日を元気にスタートしてもらいたいと朝7時から営業。味噌汁の具は、すぐ近くの鎌倉市農協連即売所で仕入れる旬野菜。箸をつけると、ダイレクトに季節が伝わってくる。昔ながらの製法でつくられたサバやアジの干物はうまみたっぷり。

コンセプトは「太陽と暮らす」。朝からしっかり食べて健康的に。

☎：0467-22-6131
🏠：鎌倉市小町 1-13-15
HP：cobakaba.com
🕘：7:00-14:00（13:30LO）　休：水曜
P：なし　JR鎌倉駅から徒歩3分
MAP：P187 マップ D

若宮大路に面する。

定食はご飯系とパン系が全9種類。

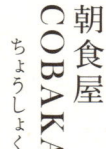

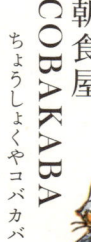

玉子焼おざわ《たまごやきおざわ》

甘く、ふわふわの玉子焼が看板

1992年の創業以来、玉子焼ひと筋。1人前の玉子焼に使う卵はなんと4個！ ふんわりと焼き上げ、キツネ色のなかにほんのりついた焦げ目が食欲をそそる。だしが効いた、ほどよい甘さで、ご飯が進むこと請け合い。開店前からの行列もしばしばで、大半の人のお目当ては玉子焼御膳。創業当初から店内に置かれる「想い出ノート」をめくると、「この味が忘れられない」などの感想が。

☎：0467-23-5024
🏠：鎌倉市小町 2-9-6
アルカディアビル 2F
🕘：11:30-17:00（16:30LO）
休：日曜、祝日　P：なし
✔：JR 鎌倉駅から徒歩5分
MAP：P186 マップ A

積まれた「想い出ノート」。

席数16のこぢんまりとした店。

玉子焼御膳 1350円。玉子焼になめこと豆腐の味噌汁、タラコと昆布がのったごはん、野沢菜がつく。

鎌倉土鍋ごはん kaedena.

かまくらどなべごはん
カエデナ

最後の一粒まで食べたいこだわりがつまった土鍋ごはん

長谷寺にほど近い和食処の主役は土鍋ごはん。昆布などのだしで直火で丁寧に炊いた土鍋ごはんは、香ばしいけれど底はコゲつかず、ふっくらほどよい硬さ。お米の甘みと具材の相性も抜群で、最後の一粒までかみしめたくなる。旬の食材を使ったオリジナルの副菜もほっとするおいしさ。料理にあわせた多彩な器からもこだわりを感じる。

鯛のカマ焼きの土鍋ごはん1700円は数量限定。

- ☎：0467-25-3770
- ⌂：鎌倉市長谷 3-8-13 2F
- HP：kaedena.o.oo7.jp
- 時間：昼 11:00～なくなり次第終了、夜 18:00～（完全予約制）
- 休：月曜（祝日の場合は翌日）、不定休あり
- P：なし
- 交通：江ノ電長谷駅から徒歩5分
- MAP：P188 マップ E

釜揚げしらすの土鍋ごはん1400円。鎌倉名物のしらすと削り節がたっぷりのって、3種の小鉢とお味噌汁がセット。

OXYMORON komachi
オクシモロン コマチ

エスニックそぼろカリー1200円。パクチーのさわやかさが口いっぱいに広がる。

個性派カレーは
ひと口でとりこに

オリジナルカレーの専門店としてその名を馳せる。5種類あるなかで、「エスニックそぼろカリー」が店の代表格。スパイシーな豚のそぼろ肉にパクチー、大葉、三つ葉、ネギがからみ合い、絶妙なおいしさ。歯ごたえのあるナッツがアクセントになり、だれもがノックアウトされる。根菜や味噌をとり入れた「和風キーマカリー」もおすすめ。カレーにはユズ酢を使ったお漬物がつく。

小町通りから少し奥まった場所。
鎌倉には御成店もある。

☎：0467-73-8626
🏠：鎌倉市雪ノ下1-5-38 こもれび禄岸 2F
HP：oxymoron.jp　🕘：11:00-18:00（17:30LO）
休：水曜（祝日の場合は翌日）　P：なし
✔：JR鎌倉駅から徒歩7分
MAP：P186 マップ A

焼き菓子や器、洋服なども販売。

店はビルの2階。

4月の鎌倉オチビサンポ

Ochibi-san's Guide: April

町じゅうがさくら色に染まる春は、古都鎌倉が1年でもっとも美しい季節。ソメイヨシノ、八重桜、カイドウなどさまざまなさくらが楽しめるのも魅力。おさんぽしたり、江ノ電で出かけたり。さくらづくしの1日を。

4月のオチビサンポおすすめコース

Ochibi-san's Recommended Course in April

1. お花見さんぽ
（鎌倉～北鎌倉エリア）

P56→P61

満開のさくらで境内が華やぐ季節。りっぱな本堂や山門前、池のほとりなど、そこにさくらが咲くだけで同じシーンがちがって見えます。

この花にもらった幸せをどうして返せばいいのかな
咲いた時と1年後と2回だよ

さくらの名所が多くてどこに行こうか迷っちゃうな

鶴岡八幡宮の源平池にかかるさくら。
→P56-59

約10分

建長寺のさくら。
→P60-61

お花見さんぽに出かけよう！

約35分

2. 江ノ電さんぽ

ローカル線の江ノ電にのって、鎌倉の日常を感じてみませんか。民家の軒をかすめるように走る区間はちょっぴりスリリング。

P68
↓
P69

御霊神社の鳥居前は江ノ電のフォトスポット。
→P68-69

海岸線も
走るよ。窓から
見る海景色も
いいね！

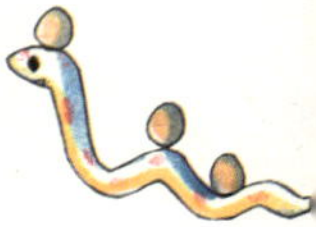

約10分

3. お花見さんぽ
（長谷エリア）

せっかくのさくらのシーズン、あちこちハシゴしてお花見を満喫しましょう。光則寺では春の花とカイドウの競演が楽しめます。

P62
↓
P66

光則寺のカイドウ。
→P62-63

長谷寺のさくら。→P64-65
（長谷寺→光則寺は約６分）

約10分

お天道さまが
あたるたびに出る
奇麗な薄紅の玉を
どんどん積んで
道をつくるんだよ

古都・鎌倉が
きれいな
ピンク色に
染まってる…！

高徳院の大仏さまとさくら。
→P66

お花見さんぽ
Cherry Blossom Viewing

薄紅色に染まる山や街。
見事な花がすみや
花ふぶきに心うばわれて。
春うらら、
さくら舞う鎌倉へ。

鶴岡八幡宮の源平池を囲むさくら。→**鶴岡八幡宮 P58-59**

鶴岡八幡宮
つるがおかはちまんぐう

広い境内の至るところが花の名所。休憩しながらゆっくり季節を味わいたい。

桜の枝で語りあうハト。こんなほほえましい姿に出あうとうれしくなる。

源平池に架かる太鼓橋とさくら。橋の東が「源氏池」で西が「平家池」。

鎌倉武士も心おどる さくら、春らんまん

鶴岡八幡宮は1063（康平6）年、源頼義が京都の石清水八幡宮を勧請した源氏ゆかりの八幡宮で、現在の地に遷したのが源頼朝。壮麗な朱の鳥居の奥には歴史と自然の空間が広がり、堂々たる御社殿はまさに鎌倉の中心と納得のたたずまい。さくらの名所としても名高く、朱の鳥居へと誘うのは若宮大路の真ん中、段葛のさくら並木。境内随所で花がほころび、源平池のさくらもこの時季が見ごろになる。

主な花の種類

【ソメイヨシノ】
段葛からつづいて源平池のほとりを囲むようにソメイヨシノが見られる。早咲きの八重桜、真っ白な花をした大島桜、お彼岸のころに咲く彼岸桜なども植えられている。

☎：0467-22-0315
🏠：鎌倉市雪ノ下 2-1-31
HP：hachimangu.or.jp
🕘：6:00-20:30、宝物殿 9:00-16:00
休：なし　¥：拝観無料、宝物殿 200 円
P：あり　🚶：JR 鎌倉駅から徒歩 10 分
MAP：P186 マップ A

さくら［桜］

見ごろ：3月下旬～4月上旬
花言葉：精神美、優美な女性、純潔

建長寺《けんちょうじ》

三門とさくらが織りなす絢爛豪華な春絵巻

1253（建長5）年、5代執権・北条時頼が創建した日本で最初の本格的な禅寺。鎌倉五山第1位の臨済宗・建長寺派の大本山で、意識して見てみたいのは三門・仏殿・法堂が一直線に並ぶ配置。これは禅宗特有の伽藍様式と呼ばれるもの。ほかにも国宝の梵鐘、巨大な地蔵菩薩坐像など、北鎌倉を代表する禅刹だけあって見どころは多い。約30本のソメイヨシノがあり、特に「三門」を彩るさくらは見事。

主な花の種類

【ソメイヨシノ】

三門前、半僧坊参道はさくらのトンネルに。オカメザクラ、しだれ桜なども見られ、さくらの季節には「花まつり」が行われる。

建長寺の奥にあるパワースポット「半僧坊」へ向かう参道もさくらの道に。

境内には約30本のソメイヨシノが植えられている。散り際も美しい。

三門を彩るさくらのアーチ。一度は見ておきたいさくらスポット。

☎：0467-22-0981
🏠：鎌倉市山ノ内8
HP：kenchoji.com
🕘：8:30-16:30　休：なし
¥：500円　P：あり
👟：JR北鎌倉駅から徒歩15分
MAP：P186 マップB

(左)アカバナミツマタはまるで小さな蜂の巣。(右)紅紫と白色が美しいもくれん。

光則寺 こうそくじ

境内をつつみこむ
可憐で華やかな古木

長谷寺の一筋奥の参道をのぼると光則寺の山門。境内は四季折々の花が絶えず、ここはまさに「花の寺」。そして、春爛漫のこの時季にひときわ目を引くのが、愛らしい花をつける「カイドウ（海棠）」。満開時は静かな境内をたちまち華やいだ空間に変え、散った花びらが周囲を埋め尽くす姿にまたうっとり。花とあわせて光則寺の歴史もたどりたい。裏山を少し上がれば土の牢。『立正安国論』で迫害を受けた日蓮聖人と弟子・日朗上人の物語が静かに残る。

主な花の種類

【カイドウ】

本堂前の「カイドウ（海棠）」は樹齢200年を誇り、市の天然記念物に指定されている。

樹齢200年とは思えないほど盛大に咲く。つぼみも愛らしい。

すぐそばの長谷寺とは趣が異なり、静かな時間が流れるお寺。

四季折々の花が絶えない庭で特に有名なのがカイドウ。4月上旬が見ごろ。

(左)本堂は1650(慶安3)年再建。(右)日朗上人の土牢にもぜひ。

☎:0467-22-2077
⌂:鎌倉市長谷 3-9-7
◷:8:00-17:00 休:なし
¥:100円 P:なし
:江ノ電長谷駅から徒歩7分
MAP:P188 マップ E

長谷寺《はせでら》

古都・鎌倉の歴史と自然の醍醐味を

江ノ電長谷駅から徒歩約5分。山門と赤い灯篭の向こうにさくら、背後は山という絶景が参道から楽しめる。古都鎌倉を代表する名刹らしく、境内は日本最大級といわれる木造の十一面観音など見るべきものが多い。その観音像が安置される観音堂近くにはソメイヨシノが。良縁を運ぶ愛らしい姿のお地蔵さまもいらっしゃる。

主な花の種類

【ソメイヨシノ】

境内の広場には見事なソメイヨシノが。散策路には山桜も見られる。

☎：0467-22-6300
⌂：鎌倉市長谷 3-11-2
HP：hasedera.jp
🕘：8:00-17:00
（10～2月は8:00-16:30）
休：なし　¥：400円　P：あり
：江ノ電長谷駅から徒歩5分
MAP：P188 マップ E

山桜、しだれ桜などさまざまなさくらが楽しめるのも魅力。

境内にはみつまた（上左）、りきゅうばい（下中）、ぼけ（下右）もかわいい花を咲かせる。見晴台からは街並みや海岸が見渡せる。3体仲良く並ぶのは「良縁地蔵」。境内の3か所にあるので花散策がてら探してみては。

高徳院《こうとくいん》

ご本尊の阿弥陀如来像は鎌倉唯一の国宝仏像。

さくらと大仏さまを
ひとつのフレームに

鎌倉大仏として名高いご本尊が鎮座する寺。境内には約50本のしだれ桜やソメイヨシノ。さくらと大仏さまという、この時季ならではの風情のある姿をぜひ写真に収めたい。

主な花の種類
【ソメイヨシノ、山桜】
約50～60本ほどのソメイヨシノ、山桜、大島桜などが境内を彩る。

仁王門内部に安置された力強い仁王像。18世紀初頭にここへ移されたと伝わる。

☎：0467-22-0703
🏠：鎌倉市長谷 4-2-28
HP：kotoku-in.jp
🕘：8:00-17:15（10～3月は8:00-16:45）
休：なし　¥：300円、大仏胎内20円
P：なし　👣：江ノ電長谷駅から徒歩7分
MAP：P188 マップ E

安養院《あんようい ん》

激動の時代に想いを馳せるとさくらの美しさが一段としみるよう。

美しいさくら咲く
北条政子ゆかりの寺

北条政子が源頼朝の冥福を祈って建てた長楽寺が前身で、鎌倉末期に現在の場所に移したという。「安養院」は政子の法名。本堂に向かって左にさくらの大木がある。

主な花の種類
【ソメイヨシノ】
境内に入ると、大きなソメイヨシノの木が植えられている。

さくらが終わると5月にはオオムラサキツツジが見ごろに。

☎：0467-22-0806
🏠：鎌倉市大町 3-1-22　🕘：8:00-16:30
休：7月8日、12月29～31日　¥：100円
P：あり　👣：JR鎌倉駅から徒歩12分
MAP：P187 マップ D

オチビサンのさくら採集帳

Ochibi-san's Cherry Blossom Collection

幹にぽっちり生えた小さなさくら、満開のさくら、夜空の下のさくら。毎年見せてくれるさまざまなさくらの表情をオチビサンたちは楽しんでいます。

(7巻 P4)

(1巻 P126)

(3巻 P120)

(4巻 P122)

(1巻 P126)

( )内はマンガ『オチビサン』の掲載巻・ページを記載しています。

江ノ電さんぽ

Enoden Train Trip

江ノ電にのって、どこまでも。
古都・鎌倉の四季折々、
刻一刻と変わる風景。
少し足をのばせば、
うれしい絶景に出あえるかも。

鎌倉高校駅前の踏切は江ノ電フォトスポット。海からは江の島がきれいに見渡せる。

区間ごとにさまざまな表情を見せる江ノ電。カメラを片手に、その姿を写真におさめて。

長谷駅〜極楽寺の線路沿いは緑に囲まれたさんぽ道。踏切前に御霊神社の鳥居があり、江ノ電が横切る鉄道名所(前ページ)。
MAP：P188 マップ E

長谷駅の線路沿いエリアは新店がたくさん。1本入れば、古民家が並ぶ情緒あふれる景色が。路地さんぽも楽しんで。

長谷駅ですれちがう2台の江ノ電。民家やお店、新緑や花に彩られた線路を駆けぬける江ノ電が見られる。

5月の鎌倉オチビサンポ

Ochibi-san's Guide: May

お花見シーズンが終われば新緑の季節。まばゆい緑につつまれた古刹めぐりもおすすめです。目にやさしい緑を眺めながら歩き、清々しい空気を吸いこむと気持ちはとてもおだやかに。心静かな時間が待っています。

緑の空気を
胸いっぱいに

5月のオチビサンポおすすめコース

Ochibi-san's Recommended Course in May

お顔を
洗って
いただき
まーす
6

1. 新緑さんぽ

P72→P77

新緑がキラキラとまぶしい季節の到来です。植栽豊かな名所に足を踏み入れれば、まるで緑のシャワーをあびるかのよう。

瑞泉寺の新緑につつまれた参道。→P72-74

新緑につつまれると
リフレッシュ
できるね

約25分

杉本寺の苔の石段。→P75

報国寺の竹林。→P76-77
（報国寺→杉本寺は約5分）

約10分

2. 楽しいもよおし

P83

鎌倉は楽しいもよおしがたくさん。初夏は毎週末どこかで楽しいフェスティバルやマーケットが開催されています。散策の合間にのぞいてみて。

鎌倉宮骨董市。この時期は境内でふじの花も見られる。
→P77、83

約5分

3. 緑に囲まれたカフェ

P80→P81

さまざまな花木を手入れした、庭自慢のカフェでひと息つきましょう。目指すは開放的なテラス席。心地よい時間が流れていきます。

おいしいスイーツを味わいながらのんびり

cafe kaeru は緑に囲まれた癒しのカフェ。
→P80

約30分

4. バラ散策

P78

レトロな洋館を利用した鎌倉文学館へ。バラ園では春と秋に色とりどりのバラが咲き誇り、優雅な気分にひたることができます。

鎌倉文学館のバラ園。
→P78

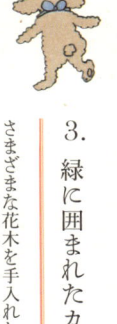

そうそう、5月は新緑のほかにバラやつつじもきれい！
これはツツジ！
サツキ…

新緑さんぽ

Fresh Greenery Viewing

木もれ日のなか、
緑に抱かれて深呼吸。
みずみずしい草花と
自然のたたずまいを
楽しむひと時。

新緑深い瑞泉寺の石段。朝つゆにぬれた葉の間から、日が差しこむ。→**瑞泉寺 P74**

瑞泉寺《ずいせんじ》

1327（嘉暦２）年に創建された。緑豊かにおおわれた石段をのぼりつめると山門にたどり着く。

涼しげな花々が彩る
古刹の庭を静かに散策

僧侶・夢窓国師によって建立、鎌倉公方の菩提寺である由緒正しき寺院。5月上旬になると新緑の山々には自生のふじが咲き誇り、境内にはつゆ草、れんげ、しゃが、うの花などが涼しげな趣を添える。優れた作庭家でもあった国師による庭園も見どころ。自然豊かな場所にあり、心静かに散策ができる。

「唐金（からかね）のお地蔵さん」と呼ばれている。

鎌倉時代で唯一残る夢窓疎石の岩庭。

境内は国の史跡に指定されている。

☎：0467-22-1191
住所：鎌倉市二階堂 710
HP：kamakura-zuisenji.or.jp
時間：9:00-16:30　休：なし
¥：200円　P：あり
アクセス：京急バス停「大塔宮」から徒歩15分
MAP：P187 マップ C

杉本寺《すぎもとでら》

鎌倉最古の寺で見る風情豊かな苔の石段

奈良大仏建立を手がけた行基が734（天平6）年に開山したといわれ、鎌倉・坂東三十三観音霊場第一札所である鎌倉最古の寺院。仁王門をくぐると、見事に苔むした石段があらわれる。道沿いにはしゃがやつつじなど季節を象徴する花々が咲き誇り、風情豊かな景観を織りなす。新緑を背景に立つ、茅葺屋根の本堂も見どころのひとつ。

☎：0467-22-3463
🏠：鎌倉市二階堂 903
HP：sugimotodera.com
🕘：8:00-16:15　休：なし
¥：200円　P：なし
✔：京急バス停「杉本観音」から徒歩1分
MAP：P187 マップ C

本堂の貫録に長い歴史を感じる。

ふかふかに苔が蓄積した苔の石段。角が取れて立ち入り禁止となっているが、その横には整備された石段がある。

報国寺《ほうこくじ》

りんとした竹林から非日常の静かなパワーを感じる

ミシュラン・グリーンガイドにおいて、鎌倉で2か所しかない3つ星を獲得した有名なお寺。別名「竹寺」とも呼ばれ、2000本近い孟宗竹が勢いよく伸びるさまを見ていると別世界に誘われるよう。枯山水庭園やめずらしい横穴式墳墓も見のがせない。

苔むした石灯籠も風情がある。

竹庭の奥ではオオデマリが見事な白い花を咲かせる。

「やぐら」と呼ばれる横穴式墳墓や、よく手入れされた枯山水庭園も見ごたえたっぷり。

竹の間から差しこむ陽光があまりにも心地よく、非日常的な気分に。

☎：0467-22-0762
🏠：鎌倉市浄明寺 2-7-4
HP：houkokuji.or.jp
🕘：9:00-16:00
休：12月29日～1月3日
¥：拝観無料、竹庭入園 300円
P：あり
♥：京急バス停「浄明寺」から徒歩3分
MAP：P187 マップ C

(左)竹林奥の茶屋「休耕庵」で一服。(右)境内の金魚鉢が涼をはこぶ。

バラ散策
Rose Viewing

バラ［薔薇］

見ごろ：５月中旬～６月中旬
花言葉：愛、美

約600㎡のバラ園では色とりどりのバラが楽しめる。春バラは５月中旬から６月中旬、秋バラは10月中旬から11月上旬が見ごろ。

鎌倉文学館《かまくらぶんがくかん》

鎌倉有数のバラ園
甘い香りにつつまれて
ゆったり癒しの散策

鎌倉ゆかりの文学者の作品や資料を展示する鎌倉文学館。レトロな洋館の南側には息をのむほどに美しいバラ園が広がる。色彩豊かなバラは、「鎌倉」「静の舞」など鎌倉にちなんだ名前がついた鎌倉生まれのものをはじめ、さまざまな国の品種が。春は「バラまつり」、秋には「鎌倉文学館フェスティバル」がにぎやかにもよおされる。

☎：0467-23-3911　⌂：鎌倉市長谷1-5-3
HP：kamakurabungaku.com
◷：9:00-17:00（10～2月は9:00-16:30)、入館は閉館30分前まで
休：月曜（祝日の場合は開館、5・6・11月は月1回の休館をのぞき開館)、年末年始、展示替・特別整理期間
¥：300-500円　P：なし
✔：江ノ電由比ヶ浜駅から徒歩7分
MAP：P188 マップ E

色や形、香りもさまざまなバラがそろう。

鎌倉文学館へ向かう途中のトンネル。

つつじ散策
Japanese Azalea Viewing

つつじの中で最も大きな花といわれる品種。

そこには隙間なく花をつけた“つつじの山”が。

安養院《あんよういん》

名刹をやさしくつつむ色あざやかなつつじ

北条政子が開基した寺院。ゴールデンウィークのころには、山門から境内まで一面あざやかなつつじに覆われる。すべて、大輪を咲かせる「オオムラサキツツジ」という品種で存在感たっぷり。また、樹齢約700年ものまきの巨木も見られる。

つつじ［躑躅］

見ごろ：４月中旬～５月上旬
花言葉：節度、つつしみ

☎：0467-22-0806
🏠：鎌倉市大町 3-1-22
🕘：8:00-16:30
休：7月8日、12月29 ～ 31日
¥：100円　P：あり
👣：JR鎌倉駅から徒歩12分
MAP：P187 マップ D

ふじ散策
Wisteria Viewing

鎌倉の寺社のなかで最も新しいお宮。神苑の奥にはふじが芳しく咲く。

鎌倉宮《かまくらぐう》

まわりの緑と溶けあう神秘的なふじの花

1869（明治2）年、明治天皇の勅命により創建された鎌倉宮。四季折々の花のなかでも見逃せないのが、境内片隅に咲くふじの花。もとはふじ棚に仕立てられていたが、周囲の木々までつるを伸ばし、その先に長い房を揺らすさまはどこか神秘的。

ふじ［藤］

見ごろ：４月下旬～５月上旬
別名：ふたきぐさ（二季草）、まつみぐさ（松見草）など
花言葉：優しさ、歓迎、恋に酔う

☎：0467-22-0318　🏠：鎌倉市二階堂154
HP：kamakuraguu.jp　🕘：9:30-16:00
休：なし　¥：300円　P：なし
👣：京急バス停「大塔宮」から徒歩1分
MAP：P187 マップ C

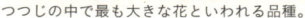

緑に囲まれたカフェ

Cafes with a Greenery View

春はモッコウバラやふじ、初夏はあじさい、夏は夏つばきと、いつも季節の花が咲く自慢の庭。

cafe kaeru
カフェカエル

だれもがくつろげる緑につつまれたおうちカフェ

自宅の一部を開放した店で、天窓から光が差しこむサンルームが心地よい。アップルパイは砂糖を使わず、紅玉の甘みと酸味を生かして手づくり。鎌倉の市場で仕入れた地元野菜ふんだんのカレーなどフードも見のがせない。

焼きたてアップルパイ　バニラアイスのせ600円。

☎：0467-23-1485　⌂：鎌倉市二階堂 936
HP：cafekaeru.com　🕘：11:00-17:00
休：水・木曜　P：あり
♥：京急バス停「天神前」から徒歩３分
MAP：P187 マップ C

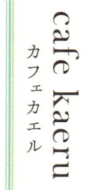

GARDEN HOUSE
ガーデンハウス

パンケーキの「レモンメイプル＆サワーバター」1200円。

ガーデンテラスでは四季折々の植物が楽しめる。

駅近とは思えない緑に囲まれた庭でくつろぎの朝を

漫画家・故横山隆一さんの邸宅をカフェに。ムクロジの大木が枝葉を広げるなど、多彩な花木を手入れした庭がある。3種類のパンケーキをはじめ、モーニングメニューを味わいながら、気持ちのよい朝のひとときをテラス席で。

☎：0467-81-5200　🏠：鎌倉市御成町 15-46
HP：gardenhouse-kamakura.jp
🕘：9:00-22:00（21:00LO）
休：不定休　P：なし
👣：JR鎌倉駅から徒歩3分　MAP：P186 マップA

お店は築50年のアトリエ。緑豊かなお庭では、心地よい木もれ日とそよ風を存分に味わえる。

小町通りさんぽ
Komachi-Dori Street

JR鎌倉駅東口からすぐのところにある、小さな赤い鳥居がスタート地点。いつもたくさんの観光客でにぎわっている。

赤い鳥居が目じるし
駅近で名店もあちこちに

小町通りは鎌倉きってのおかいもの&グルメ・ストリート。さまざまなおみやげもの店、雑貨店、飲食店が軒を連ねる。観光客でにぎわう通りを1本入ると、名店もあちらこちらに。食べ歩きを楽しみながら散策をスタートして、帰りはとっておきの鎌倉みやげを選ぶのも楽しい。

若宮大路の西側に平行する約360mの商店街。通りの両脇に店が連なる。

✔：JR鎌倉駅から徒歩1分
MAP：P186 マップA

食べ歩きはマナーを守って。

ちょい食べグルメやスイーツがたくさん。

楽しいもよおし
Enjoyable Festivals in Kamakura

鎌倉宮骨董市《かまくらぐうこっとういち》

由緒ある神社で わくわくお宝さがし

後醍醐天皇の皇子、護良親王を祭神とする鎌倉宮の境内で、毎月第2日曜に開催される骨董市。古道具や古布、陶磁器などありとあらゆる年代ものが並び、なかにはレトロなピッケルが充実した個性的な露店も。

小さな市ながら、味わい深いものに出あえる。

瀬戸や伊万里、切子ガラスなどさまざまな器が。出展者とのやりとりも楽しい。

鎌倉宮

☎：0467-22-0318　⌂：鎌倉市二階堂154
HP：kamakuraguu.jp
時間：毎月第2日曜 7:00-16:00ごろ
休：雨天中止　P：なし
アクセス：京急バス停「大塔宮」から徒歩1分
MAP：P187 マップC

ボーダーフェスティバル

ボーダーをきて行くと「いいこと」が?!

毎年、5月のゴールデンウィーク明けの日曜日に由比ガ浜大通りで行われるフェスティバル。ボーダー柄をきておかいものや食事をするとさまざまなサービスが受けられる。屋台村やライブ、ワークショップなどもあり、楽しくにぎやかなイベント。

きこなしの素敵な人を表彰する「ベストボーダー賞」も。

オチビも参加したことがあるよ！

⌂：由比ガ浜大通り周辺の参加店および2つの屋台村
HP：borderfes.net
（ボーダーフェスティバル実行委員会）
時間：ゴールデンウィーク明けの日曜日
参加各店舗の営業時間中、
屋台村・撮影会場は11:00-16:00
P：なし
アクセス：JR鎌倉駅から徒歩1分
MAP：P188 マップE

これが冬に着るシマシマのウールのセーター
こっちは秋口に着る薄手のシマシマニット
これが半そでこれがそでなしこちらが長そでのTシャツ
いつもと同じシマシマじゃ…
ちなみに今着てるのは7分そで!!

6月の鎌倉オチビサンポ

Ochibi-san's Guide: June

鎌倉といえばあじさい。雨にぬれ、色とりどりに咲く花はまさに6月がシーズンです。歩きつかれたら冷たい甘味でひと息入れて。夕暮れ時からお出かけしてほたるを観るのも、この季節ならではの楽しみです。

6月のオチビサンポおすすめコース

Ochibi-san's Recommended Course in June

1. あじさいさんぽ

P86→P93

あじさいは鎌倉を代表する花。ピンクやブルー、白や紫と、さまざまな色と形のあじさいが多くの境内をうめつくします。

やっぱりあじさいは
あじさいって
呼びたくなった
アジサイ…

円覚寺のあじさい。
→P90

雨のにおいを
感じながらの
あじさいさんぽも
楽しいな

約5分

「明月院ブルー」に染まる石段と「悟りの窓」。
→P86-89

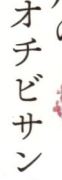

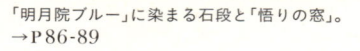

オチビは
雨だれも
好きなんだ！

長谷寺の「あじさい路」。
→P92-93

光則寺の
山あじさい。→P91
(光則寺→長谷寺は
約6分)

約30分

約20分

2. ひんやり甘味

歩きつかれたら、冷たくて甘いものを口にしたくなります。鎌倉には、おいしさに定評のある甘味処がそろっています。

P94
↓
P96

茶房雲母の宇治白玉クリームあんみつ。
→P94

白玉なら
いっくらでも
食べられるもん！

約20分

3. ほたる散策

水のきれいな場所で飛びかうほたる。鎌倉の街にはそんなスポットが残っています。鶴岡八幡宮ではほたるまつりが開かれます。

P97

滑川のほたる。
→P97

ほー、ほー、
ほーたるこい。
ほのかな光が
幻想的だね

ホ
ホ
ホータル
こい
♪

あじさいさんぽ
Hydrangea Viewing

あじさいは
6月の鎌倉の風物詩。
水色、紫、紅色、白…
色とりどりのあじさいに
彩られた小道は
まるで幻想世界のよう。

「明月院ブルー」に染まる石段。→**明月院 P88-89**

明月院

めいげついん

明月院は上杉憲方が建立した寺院。

本堂後庭園の花しょうぶも開花時。

見ごろは6月後半。人出が落ちつく夕方以降がねらい目。

吸いこまれるほど透明な青に魅せられて

貴重な歴史物とあわせ、ここで楽しみたいのは自然の趣。「悟りの窓」と呼ばれる円窓を通して見れば、景色はまるで絵画。時を忘れて見惚れてしまう。そんな明月院が一番にぎわうのが6月。鎌倉にあるあじさいの名所のなかでも「あじさい寺」として名高く、ヒメアジサイを中心に約2500株が参道を埋めつくす。透明感あふれる神秘的な青は「明月院ブルー」と讃えられ、人々を魅了する。

主な花の種類

【ヒメアジサイ】

日本古来の品種で「明月院ブルー」と讃えられる澄んだ青色のヒメアジサイが境内の9割を占め、参道を埋めつくす。境内には山あじさいや西洋あじさいも見られる。

あじさい［紫陽花］

見ごろ：6月初旬～下旬

別名：よひら（四片）、しちへんげ（七変化）、はっせんか（八仙花）など

花言葉：移り気、浮気、無情

☎：0467-24-3437　住所：鎌倉市山ノ内189

時間：9:00-16:00（6月は8:30-17:00）

休：なし　¥：500円　P：なし

アクセス：JR北鎌倉駅から徒歩10分

MAP：P186 マップB

（左）絵馬にもかわいらしいあじさいが。（右）あじさいと陶器の金魚の組みあわせが涼を呼ぶ。

円覚寺《えんがくじ》

参道には水色や紫の園芸あじさいが。荘厳な寺院とのコントラストが見事。

お寺の茶寮も楽しめる風情あふれる禅寺

北鎌倉駅を降りれば円覚寺はすぐそこ。総門を登れば1段ごとに心が静まり、禅の世界へと導かれるよう。その先に美しい山門があらわれ、仏殿に至る。円覚寺のあじさいは集中的な植栽ではなく、境内全域に広がって咲いているイメージ。杉の木立や歴史ある建造物のかたわらでそっと咲く姿は、禅宗独特のりんとしたたたずまいに調和する。しっとり雨にぬれながらの散策も風情がある。

主な花の種類

【園芸あじさい】

境内には園芸あじさいをはじめ、約500株以上の品種が楽しめる。自生の山あじさいやがくあじさいも多く見られる。

☎：0467-22-0478　⌂：鎌倉市山ノ内409

HP：engakuji.or.jp

🕘：8:00-16:30（12～2月は8:00-16:00）

休：なし（荒天の日のみ休）　¥：300円

P：なし　👣：JR北鎌倉駅から徒歩1分

MAP：P186 マップB

茶寮「安寧」では四季折々の甘味と美しい庭園が楽しめる。

山門は夏目漱石の『門』の舞台にも。

光則寺《こうそくじ》

見ごたえたっぷりの多彩な山あじさい

境内には、山あじさい、がくあじさいなど、その数は実に約４００種。本堂脇やカイドウの下、池のほとりなど随所に咲く。あじさいの名所の中では穴場的スポットともいえる。

主な花の種類

【山あじさい】

約４００種類、４５０株の山あじさいが見られる。装飾花が３弁や八重咲き、青の濃淡や白、水色、紫、ピンクなど多彩な色と形で、見る人を楽しませてくれる。めずらしい品種の鉢植えも多く並ぶ。

色の変化も
楽しみ！
何度でも
足を運びたいね

境内の至るところにあじさいが咲く。同時期に咲く花しょうぶもお見のがしなく。

: 0467-22-2077
: 鎌倉市長谷 3-9-7
: 8:00-17:00
休 : なし　¥ : 100円　P : なし
: 江ノ電長谷駅から徒歩7分
MAP : P188 マップ E

全国から集められたという山あじさい、がくあじさい、えぞあじさいたち。

長谷寺《はせでら》

梅雨の観音山が七色に染まる

観音山にたたずむ７３６（天平８）年創建の寺院。一年を通じて植物が目を楽しませてくれる花の寺として知られ、その情景を讃えて「鎌倉の西方極楽浄土」とも。とりわけ有名なのがあじさい。「あじさい路」と呼ばれる眺望散策路には40種以上あるというから驚き。約２５００株が訪れる人を幻想空間へと誘う。長谷寺で命名された独自種「長谷の祈り」など、めずらしい花は鉢植えでも展示される。

主な花の種類

【本あじさい】

40種類以上約２５００株の本あじさいが植えられ、由比ヶ浜を見おろす斜面に群生するさまは壮観。長谷寺独自の品種も見られる。

眺望散策路からはあじさい越しに相模湾が見渡せる。

斜面いっぱいに咲き誇るあじさいに思わず息をのむ。

「長谷の潮騒」「長谷の祈り」「長谷 四片(よひら)」などオリジナルの品種も。

☎：0467-22-6300
🏠：鎌倉市長谷 3-11-2
HP：hasedera.jp
🕘：8:00-17:00 (10～2月は8:00-16:30)
休：なし　¥：400円　P：あり
👣：江ノ電長谷駅から徒歩5分
MAP：P188 マップ E

(左)如来さまのお手元にもあじさいが。(右)回遊式の庭園が見事。花しょうぶの季節には放生池に花筏が浮かぶ。

ひんやり甘味

Chilly Sweets

宇治白玉クリームあんみつ850円で幸せな気分に。盆上に花が添えられる。

茶房雲母《さぼうきらら》

蒸したての白玉は もちもち食感

住宅街のなか、長い行列の先にある甘味処。みんなのお目当ては、ピンポン玉サイズの白玉が存在感を放つあんみつ。オーダー後に白玉を茹でるため、ほんのりとあたたかい。宇治白玉クリームあんみつには抹茶を練りこんだ白玉がつく。甘みと苦みのバランスがよい抹茶蜜をかけてどうぞ。

暑い季節は冷たい
和スイーツが
いいよね

☎：0467-24-9741
⌂：鎌倉市御成町16-7
◷：11:00-18:00
（土・日曜、祝日は10:30-18:00、17:30LO、LOは変更あり）
休：無休　P：なし
✔：JR鎌倉駅から徒歩7分
MAP：P186 マップA

あんみつ

行列必至の店。ねらい目は平日の午後。

にこやかな店主の津止潤子さん。

くずきり みのわ

ツルンとした のどごしに感激

1970年にオープンし、その2年後からメニューに登場したくずきりが店の名物。吉野本くずを使った透明感のあるくずきりを口に運ぶと、スルリと喉を通り越していく。黒蜜は上品な甘さで、食後感はすっきり。裏山の緑を借景にした庭で一服するのもいい。

くずきりの名店として知られる。銭洗弁財天に向かう道中にある。

☎：0467-22-0341
住所：鎌倉市佐助 2-6-1
HP：kamakura-minowa.com
営業時間：10:15-17:00（16:30LO）
休：水・土・日曜、祝日のみ営業
P：なし
アクセス：JR 鎌倉駅から徒歩 10 分
MAP：P186 マップ A

落ちついた店内で過ごすもよし、野点傘をしつらえた日本庭園でくつろぐもよし。

注文が入ってからくず粉を溶く、つくり立てのくずきり920円は絶品。器に添えたかちわり氷が涼しげ。

甘い黒蜜をかけて味わう豆かん650円。

無心庵《むしんあん》

線路沿いに立つ甘味処で豆かんを

江ノ電和田塚駅のすぐ向かい。風情ある一軒家に靴を脱いで上がり、和室でゆったりと甘味が楽しめる。人気の高い豆かんは、北海道産赤えんどう豆と寒天の歯ごたえが絶妙。

床の間を飾るのは季節の野草。

☎：0467-23-0850
🏠：鎌倉市由比ガ浜 3-2-13
HP：mushinan.chobi.net
🕘：10:00-17:00　休：木曜　P：なし
✔：江ノ電和田塚駅からすぐ
MAP：P188 マップ E

由比ガ浜《ゆいがはま》 こ寿々《こすず》

わらび餅540円。九谷焼の鮮やかな器で登場。

プルプルのわらび餅の虜に

希少な本わらび粉からつくるわらび餅の店。職人が絶妙な練り加減で仕上げた一品はツヤがあり、もっちりとした食感がたまらない。自家製の黒蜜と、きな粉がおいしさの引き立て役。イートインは京番茶つきで、テイクアウトもできる。アイスクリーム添え、小豆添えもスタンバイ。

由比ガ浜大通りに面したわらび餅専門店。本店は段葛 こ寿々（P108）。

☎：0467-23-1192
🏠：鎌倉市由比ガ浜 3-3-25
HP：kamakuratoday.com/meiten/kosuzu.html
🕘：10:30-18:00
（17:30LO、販売は10:00-18:00）
休：月曜（祝日の場合は翌日）　P：なし
✔：江ノ電和田塚駅から徒歩2分
MAP：P188 マップ E

ほたる散策

Firefly Watching

滑川上流部の鎌倉市立第二小学校付近でも6月上旬〜下旬にほたるが見られる。以前に比べ、数は少なくなっているというが、末永く観賞したいもの。　MAP:P187 マップC

暗闇にゆらゆらと舞う光が幻想的

初夏の風物詩、ほたる。山に囲まれた鎌倉では、街のなかに幾筋もの小川がさらさらと流れている。ほたるが生息し、6月になると暗闇でやさしい光を放ちながら飛ぶようすを目にすることができる。この時期、鶴岡八幡宮では柳原神池でほたるを放つ神事「蛍放生祭」が行われ、翌日から約1週間は一般の人が観賞できるほたるまつりが開催される。境内というロケーションとあいまって、神秘的な雰囲気につつまれる。

鶴岡八幡宮「蛍放生祭」

☎：0467-22-0315
⌂：鎌倉市雪ノ下2-1-31
HP：hachimangu.or.jp
🕘：毎年6月上旬ごろ　休：なし
¥：無料　P：あり
👣：JR鎌倉駅から徒歩10分
MAP：P186 マップA

水が きれいに なれば 蛍が ますます 増えるって
昔の人は わかって いたの かも しれないね
6

7月の鎌倉オチビサンポ

Ochibi-san's Guide: July

のうぜんかずらが咲きはじめたらいよいよ夏。太陽を思わせるオレンジ色の花は、夏空によく似合います。涼しげな姿で水辺に花開くはすも魅力的。おいしいそばでお腹を満たしたら、海へ足をのばしてみても。

1. のうぜんかずらとはす散策

P100
↓
P105

この季節、のうぜんかずらがオレンジ色の花を咲かせると、お寺は明るい雰囲気に。池では紅白のはすがりんとした姿を見せています。

7月のオチビサンポおすすめコース

Ochibi-san's Recommended Course in July

オチビは
乗る
睡蓮《すいれん》の葉の
上へ!!!
5

鶴岡八幡宮の源平池のはす。→P104-105

約15分

光明寺のはす池。→P103

妙本寺ののうぜんかずら。→P100-101
（妙本寺→光明寺は約25分）

はすの散策は
午前中にね

約25分

2. つるんとおそば

夏になると、のどごしのよいおそばが食べたくなります。鎌倉野菜の浅漬けをそばにのせるなど、店ごとに個性が光ります。

P106 ↓ P108

そば通をうならせる
実力店が
そろってるんじゃ

鎌倉 松原庵の天せいろ。
→P107

約5分

3. ちょっと海まで

鎌倉の目ぬき通り、若宮大路を南にくだれば、そこはもう海。幾度となくうち寄せる波を眺めながら砂浜を歩くのもいいですね。

P109

由比ヶ浜の海沿いを
さんぽしてみても。
→P109

約35分

4. ご利益めぐり

源氏山周辺で布袋さまのお腹をなでたり、湧き水でお金を洗ったり。お稲荷さんにもごあいさつ。どうかご利益がありますように。

P110 ↓ P111

銭洗弁財天でお金を清める。
→P111

福徳円満に
金運上昇、立身出世。
開運を
授かりたいね

佐助稲荷神社の鳥居群。 →P110
（佐助稲荷神社→銭洗弁財天は約10分）

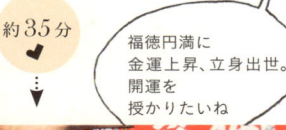

のうぜんかずら散策

Chinese Trumpet Vine Viewing

妙本寺《みょうほんじ》

あざやかなオレンジが静寂を破る夏

妙本寺は１２６０（文応元）年に創建された日蓮宗の寺院。もとは比企一族の屋敷があり、北条氏によって滅ぼされた悲劇の物語が眠る地。静寂につつまれた境内ではお堂や比企一族のお墓から歴史を垣間見ることもできる。そんな厳かなたたずまいを変える季節が夏、のうぜんかずらが燃えるように咲くころ。二天門を過ぎてすぐ、２本の大きなのうぜんかずらがあざやかに境内を彩る。

二天門を抜けるとすぐにのうぜんかずらが見える。

大きなのうぜんかずらの木が2本。祖師堂に向かって左が古木。

祖師堂は堂々たる存在感。鎌倉でも大きな木造建造物だ。

のうぜんかずら［凌霄花］

見ごろ：7月上旬〜下旬
花言葉：栄光、名声

☎：0467-22-0777
🏠：鎌倉市大町1-15-1
HP：myohonji.or.jp　🕘：9:00-16:00ごろ
休：なし　¥：志納　P：なし
✔：JR鎌倉駅から徒歩10分
MAP：P186マップA

（左）二天門の龍の装飾細工。（右）多聞天と持国天を安置。

海蔵寺《かいぞうじ》

山門をくぐると目にとまるのが赤い和傘。美しい庭に上品に映える。

情趣あふれる絵画のような夏の庭園

源氏山の北側にあり、いつ訪れても境内庭園は手入れが行き届き、花々が美しい表情を見せる場所。さくら、あじさい、しょうぶ…につづくのは、庫裏の建物伝いにつるを伸ばすのうぜんかずら。ところでこの海蔵寺は水にまつわる伝説などの言い伝えも多い。境内でいくつ見つかるか、ふしぎな物語をたどる散策もまたおもしろい。

ききょうもたくさん咲く。傘の赤とのコントラストが絶妙。

山門前ははぎがぎっしりと茂る。

☎：0467-22-3175
⌂：鎌倉市扇ガ谷 4-18-8
◷：9:00-16:00 休：なし
¥：志納、十六の井100円 P：あり
✔：JR鎌倉駅から徒歩20分
MAP：P186 マップ B

はす散策

Lotus Viewing

光明寺《こうみょうじ》

はかなく美しく
池に浮かぶ極楽の花

浄土宗の大本山であり、1243（寛元元）年に北条経時を開基とし、浄土宗三祖良忠上人により創建された。本堂左の記主庭園は小堀遠州ゆかりのはす池。「錦蕊蓮《きんずいれん》」「酔妃蓮《すいひれん》」、2000年の時を超えて咲く「大賀《おおが》蓮《はす》」も。開花のころに観蓮会があり、はすの葉から茎を通してお酒やお茶を楽しむ「象鼻杯」や大聖閣での抹茶席が体験できる。

☎：0467-22-0603
住所：鎌倉市材木座 6-17-19
HP：komyoji-kamakura.or.jp
時間：6:00-17:00
(10月15日～3月31日は7:00-16:00)
休：なし　¥：志納　P：あり
アクセス：京急バス停「光明寺」から徒歩1分
MAP：P187 マップ D

2匹が仲良く日なたぼっこ。

はかなげで美しいはすの花。

大聖閣とはす池のコントラストは壮観。2000年以上前のはすの実から発芽した古代はす「大賀蓮」も見られる。

鶴岡八幡宮《つるがおかはちまんぐう》

平和の時代を喜び咲く紅白のはす

紅白のはすが咲く源平池。太鼓橋を境に境内に向かって右が源氏池、左が平家池。池をつくった当初は、それぞれの旗色から源氏池には白、平家池には赤いはすが植えられていたのだとか。現在、入り乱れて咲く姿には感慨深いものがある。実は池に配置された島の数がちがう。北条政子の思惑で、源氏池には3つ。これは「三」を「産」にかけて繁栄を祈ったもの。一方、平家池には4つ。「四」を「死」にかけて滅亡を祈った…という真偽のほどは。

はすは早朝に咲きはじめて午後にはしぼんでしまう。観賞時間にご注意を。

茎がすーっと伸びて花を咲かせる姿は、涼やかで、かつ神秘的でもある。

源平合戦も今はむかし。紅白のはすが一緒に咲く。

はす［蓮］

見ごろ：7月中旬～8月上旬
別名：いけみぐさ（池見草）、
　　　れんげ（蓮華）、
　　　ふごせん（不語仙）など
花言葉：清らかな心、神聖、雄弁

☎：0467-22-0315
🏠：鎌倉市雪ノ下2-1-31
HP：hachimangu.or.jp
🕘：6:00-20:30、宝物殿 9:00-16:00
休：なし　¥：拝観無料、宝物殿200円
P：あり　🚶：JR鎌倉駅から徒歩10分
MAP：P186 マップA

（左）大きな葉の上で休憩中。（右）旗上弁財天社白旗と白いハト。

つるんとおそば Soba Restaurants

茶織そば1330円。トッピングはエビ、大根おろし、揚げたそば米、あられ、水菜など９種類。

茶織菴《さおりあん》

具だくさんのおそばに大満足まちがいなし

ジャズが流れる手打ちそばの店。元建築家の関孝和さんが、趣味が高じて10年前にオープン。のどごしのよいそばに、薄削りの本枯節などをブレンドしたコクのあるだしがベストマッチ。店名を冠した茶織そばは、色も食感もさまざまな具がのり、目と舌で楽しめる。

戦前の建物を改装。和風建築好きの店主らしく、本格的な茶室を併設する。

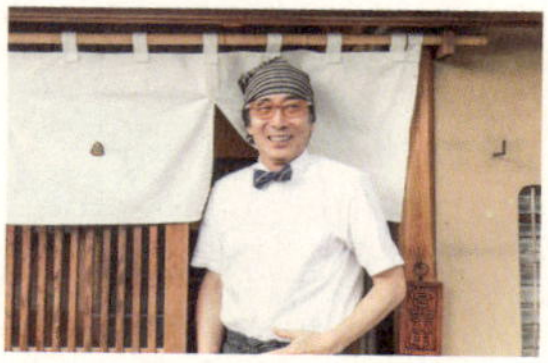

蝶ネクタイがお似合いの店主・関さん。

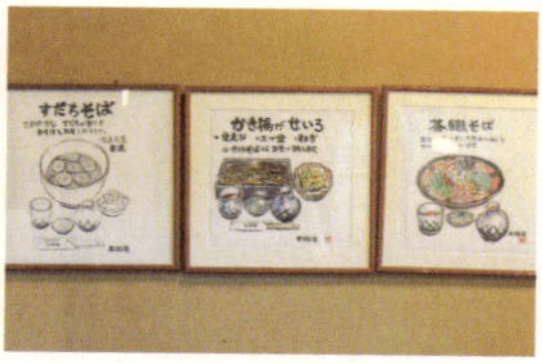

手描きのイラストでメニューを紹介。

☎：0467-73-8873
⌂：鎌倉市雪ノ下 3-1-30
◷：11:30-18:30 (18:00LO)
休：月曜（祝日の場合は翌日）
P：なし
♥：JR鎌倉駅から徒歩15分
MAP：P187 マップC

鎌倉《かまくら》 松原庵《まつばらあん》

潮の香りを感じながら こだわりのおそばを

海風香る由比ヶ浜の邸宅街に構える店。古都・鎌倉の風情を残した古民家を改装し、ゆったりくつろげる店内が魅力。毎日手打ちされるそば、鎌倉ならではの素材にこだわった季節の一品料理、厳選した日本酒やワインもそろえる。離れの「松原庵カフェ」で食後の喫茶や散策の合間にひと休みするのもおすすめ。

そばには「ふところの深さ」があるんじゃ。日本の文化なんじゃよ…

☎：0467-61-3838
⌂：鎌倉市由比ガ浜 4-10-3
HP：matsubara-an.com
◷：11:00-22:00（21:00LO）
休：なし　P：あり
❤：江ノ電由比ヶ浜駅から徒歩3分
MAP：P188 マップ E

（上）「力そば」1550円（税別）は2種の餅が入っている。（右）のれんをくぐると、自宅に招かれたような心地よさ。

天せいろ 1850円（税別）。のどごしのよいそばと、海鮮の天ぷらのサクサクとした食感が楽しい。

冷たいそばのなかで注目のこ寿々そば。本枯節と利尻昆布でとっただしが効く。

段葛《だんかずら》 こ寿々《こすず》

そばの栽培と製法にこだわる

透明感があり、のどごしが抜群のそばが味わえると評判。長野・蓼科の契約農家で栽培されるそばの実は、天日干しすることで風味が格別に。こ寿々そばは挽きぐるみのそばの上に大根おろし、ゆずの皮、大葉、三つ葉、揚げ玉、のりと盛りだくさん。食後にぷるんとしたわらび餅はいかが。

1932(昭和7)年築の建物。鶴岡八幡宮からまっすぐに延びる若宮大路沿い。

☎：0467-25-6210
住所：鎌倉市小町 2-13-4
HP：kamakuratoday.com/meiten/kosuzu.html
営業時間：11:30-19:00 (18:30LO)
休：月曜 (祝日の場合は翌日)
P：なし　アクセス：JR鎌倉駅から徒歩6分
MAP：P186 マップ A

夏季限定の鎌倉野菜のぶっかけそば1500円(税別)。

手打ちそば《てうちそば》 千花庵《ちはなあん》

しなやかなそばを満喫するなら

細切りの十割蕎麦の店。「柳腰」と呼ばれるしなやかなのどごしが身上で、鎌倉野菜の浅漬けがたっぷりのぶっかけそば、そばの産地が異なる2種類のせいろ蕎麦を食べ比べるセットなどがそろう。一品料理も充実し、江戸時代からのそば屋の肴「竹虎」は、格子状に焼き目をつけた厚揚げ豆腐にねぎをかけたもの。

閑静なたたずまいのお店。横浜に立ち食い蕎麦の姉妹店がある。

☎：0467-22-6517
住所：鎌倉市西御門 2-6-13
HP：www.chihana-an.com
営業時間：11:00-15:00 (14:30LO)
休：月曜 (祝日の場合は翌日)
P：なし　アクセス：JR鎌倉駅から徒歩20分
MAP：P187 マップ C

ちょっと海まで

To the Beach

まぶしい太陽、青い空。
夏の鎌倉さんぽは
少し足をのばして海まで。
波うちぎわを歩いたり
貝がらを集めて夏の思い出に。

ご利益めぐり

Good-Luck Shrines

別世界へと誘われるような真紅の鳥居群。なんともふしぎな感覚になる。

佐助稲荷神社《さすけいなりじんじゃ》

出世を祈るならここ
鎌倉最強のご利益あり

源頼朝の夢枕に立って平家討伐をすすめ、歴史的な勝利に導いた神さま。これに由来し、佐助稲荷神社は鎌倉最強の出世開運スポット。幻想的な赤い鳥居群をくぐり抜けた先にある「隠れ里」の雰囲気もいい。

鳥居の正面に見えるのが佐助稲荷の拝殿。

佐助稲荷山は水源地。今も神水がわき出る「霊狐泉」として祀っている。

☎：0467-22-4711
⌂：鎌倉市佐助 2-22-12
🕘休：境内自由
¥：拝観無料　P：なし
JR 鎌倉駅から徒歩 20 分
MAP：P186 マップ B

銭洗弁財天《ぜにあらいべんざいてん》 宇賀福神社《うがふくじんじゃ》

お金の端に少し水をかけても効果があるそう。

急な坂道をのぼりきったら入口の鳥居が見える。

心の不浄を清めて 金運も上がる

源頼朝が「この地にわく水で神仏を供養すれば天下太平に」というお告げを受けて霊水を見つけ、そこに祠を建てたのがはじまり。後に北条時頼が銭を洗って一家繁栄を祈ったが、やがて「お金を洗うと何倍にも増えて戻ってくる」と参拝客が訪れるように。この水でお金を清めると、心の不浄も清められ金運上昇に。

☎：0467-25-1081
⌂：鎌倉市佐助 2-25-16
🕘：8:00-16:30　休：なし　¥：無料
P：あり　👣：JR 鎌倉駅から徒歩 20 分
MAP：P186 マップ B

浄智寺《じょうちじ》 布袋尊《ほていそん》

布袋尊は弥勒菩薩の別の姿。境内裏の洞窟にいらっしゃる。

(上)杉林の参道を通って唐様の鐘楼門へ。(下)長年、人々に元気を与えつづけた太鼓腹。

幸福な毎日を願って 七福神めぐり

寺の奥のやぐらのなかで、愛嬌たっぷりのお姿でむかえてくれる浄智寺の布袋尊像。福徳円満のご利益があり、ふくよかなお腹をなでると元気がもらえる。鎌倉には「鎌倉江の島七福神めぐり」があり、この浄智寺の布袋さまもそのひとつ。御朱印が用意されているので、浄智寺を起点にすべてまわってみるのもおすすめ。

☎：0467-22-3943　⌂：鎌倉市山ノ内 1402
HP：jochiji.com　🕘：9:00-16:30
休：なし　¥：200円　P：あり
👣：JR 北鎌倉駅から徒歩８分
MAP：P186 マップ B

8月の鎌倉オチビサンポ
Ochibi-san's Guide: August

日差しが降りそそぐ夏の盛りは、色あざやかなピンクの花をつけるさるすべり、ふくよかな淡紅色のふようが見ごろ。暑さに負けず力強く咲く花を愛でながら、花めぐりを楽しみませんか。夜は夕涼みがてら夏祭りへ。

8月のオチビサンポおすすめコース
Ochibi-san's Recommended Course in August

1. さるすべりとふよう散策

P114→P116

暖色系の花を咲かせるさるすべりとふよう。真夏の太陽を受けて、どちらもいきいきとこの季節を楽しんでいるかのよう。

夏の疲れは ひょうたんで とるがよろしい
え〜〜 ひょうたん〜

極楽寺のふよう（左）とさるすべり（右）。
→P114-115

約35分

ふようは朝、咲いて 夜には しぼんじゃうんだ

海蔵寺のふよう。
→P116

真夏のお花は 色があざやか

そうして そのまま くるくると 回る!
巨大扇風機 わーい!!

妙隆寺のふよう。
→P116

約20分

約10分

食べ方を聞けたり
対面販売って
けっこう
楽しいにゃ

P118

2. ちょっと市場へ

「レンバイ」こと、鎌倉市農協連即売所をのぞいてみて。旬の鎌倉野菜がずらりと並び、野菜から季節を感じることができます。

鎌倉市農協連即売所に並ぶ野菜やくだもの。
→P118

約15分

ぼんぼりを
眺めながら
境内で夕涼み

3. 夏のお祭り

鎌倉の夏の風物詩として知られる、鶴岡八幡宮のぼんぼり祭。約400基ものぼんぼりに灯りがともり、幻想的な雰囲気につつまれます。

P119

鶴岡八幡宮のぼんぼり祭。
→P119

この子は ここに あずけて エサだけ あげに 毎日来る?
…… 弱ったね こりゃ

さるすべりとふよう散策

Crape Myrtle & Cotton Rosemallow Viewing

極楽寺《ごくらくじ》

薄紅色の花に染まる慈善救済の寺

1259（正元元）年に建立された、鎌倉で唯一の真言律宗の寺。開山である僧・忍性《にんしょう》は療養所を備え、病人や貧者の救済に力を注いだ。境内に忍性が使っていた製薬鉢が残る。春はさくら並木、初夏はあじさい、夏はさるすべりやふようが美しい。

夏空に薄紅色の花が映える。

さるすべりの花びらはたっぷりとひだが入り、華やかな印象。

ふようは毎朝開花し、夕方にはしぼむ一日花。茅葺屋根の山門前で見ごろをむかえる。

あざやかなさるすべり。どっしりとした幹から幾重にも枝が伸びる。

☎：0467-22-3402
🏠：鎌倉市極楽寺 3-6-7
🕘：9:00-16:30
休：12月25～31日
¥：無料　P：なし
👣：江ノ電極楽寺駅から徒歩 3 分
MAP：P188 マップ E

さるすべり［猿滑］

見ごろ：7月下旬～9月上旬
別名：ひゃくじつこう（百日紅）
花言葉：雄弁、愛嬌、不用意

地面に落ちた花びらも絵になる。

ふよう散策

Cotton Rosemallow Viewing

小町エリアの住宅街にひそやかに立つ。

寿老人の像を囲むようにふようが咲く。

妙隆寺《みょうりゅうじ》

にこやかな寿老人と
ふようの取りあわせ

日蓮辻説法跡近くにある日蓮宗の寺院。鎌倉幕府の有力御家人だった千葉氏の屋敷跡に立つ。鎌倉江の島七福神のひとり、寿老人を祀っている。夏は色の変わる酔ふようや紅白のさるすべりが楽しめる。

ふよう［芙蓉］

見ごろ：８～９月
別名：もくふよう（木芙蓉）
花言葉：繊細な美、しとやかな恋人

☎：0467-23-3195
🏠：鎌倉市小町 2-17-20
🕘：自由　休：なし　¥：無料
P：なし　👣：JR 鎌倉駅から徒歩 12 分
MAP：P186 マップ A

海蔵寺《かいぞうじ》

真夏の日差しのもと、いきいきとした表情のふよう。

この時期、庭ではピンク色のふようがひと際目を引く。

訪れるたびに
花に心癒される

もともとは真言宗の寺で、１３９４（応永元）年に臨済宗建長寺派の寺として再建。胎内にもうひとつの薬師の顔を納めた薬師如来坐像を祀る。いつ訪れても花が満喫できる「花の寺」の庭をのんびり散策したい。

☎：0467-22-3175
🏠：鎌倉市扇ガ谷 4-18-8
🕘：9:00-16:00　休：なし
¥：志納、十六の井 100 円　P：あり
👣：JR 鎌倉駅から徒歩 20 分
MAP：P186 マップ B

オチビサンの夏採集帳
Ochibi-san's Summer Collection

青い空、白い雲。
陽光がさんさんとふりそそぐ夏の日。
昼は海遊びや虫とりに出かけたり、
夜は花火に夏祭り。暑さにも負けず、
豆粒町は活気であふれています。

夏の花たち Summer Flowers

あさがお［朝顔］
（1巻 P42）

ひまわり［向日葵］
（6巻 P30）

たちあおい［立葵］
（4巻 P36）

からすうり［烏瓜］
（3巻 P50）

のうぜんかずら［凌霄花］
（9巻 P32）

夏のおいしいもの Delicious Summer Things

かき氷
（6巻 P22）

流しそうめん
（1巻 P52）

ガスパチョ
（9巻 P38）

夏の風物詩 Summer Features

七夕
（5巻 P19）

花火
（4巻 P40）

肝だめし
（2巻 P48）

（　）内はマンガ『オチビサン』の掲載巻・ページを記載しています。

ちょっと市場へ

To the Farmer's Market

鎌倉市農協連即売所《かまくらしのうきょうれんそくばいじょ》

レンバイで鎌倉野菜を手に入れよう

1928（昭和3）年に発足し、「レンバイ」の愛称で親しまれる。約20軒の生産者が4班に分かれ、交代で出店。海と山に囲まれた鎌倉で育った、旬の鎌倉野菜が勢ぞろい。おいしい食べ方を教わるなど、ふれあいが楽しめるのも対面販売のよさ。デリカテッセン、ベーカリー、シフォンケーキの店などが並ぶ「鎌倉中央食品市場」が隣接。

☎：0467-44-3851
（JAさがみ鎌倉地区運営委員会事務局）
🏠：鎌倉市小町 1-13-10
HP：kamakurarenbai.com
🕘：8:00ごろ〜日没
休：1月1〜4日　P：なし
👟：JR鎌倉駅から徒歩3分
MAP：P187 マップ D

鎌倉中央食品市場の店は個性的。

約90年の歴史をもつ。

生産者がみずから鎌倉野菜を販売。野菜を通して鎌倉の四季が感じられる。

夏のお祭り
Summer Festivals in Kamakura

夕暮れになると、巫女がひとつひとつのぼんぼりに灯りをともす。その数約400基。日没後、多くの人でにぎわう。

ぼんぼり祭《ぼんぼりまつり》

ぼんぼりが夜の八幡宮を彩る

鶴岡八幡宮で行われるぼんぼり祭は鎌倉を代表する夏の風物詩。鎌倉や鶴岡八幡宮にゆかりのある著名人らの書画をぼんぼりに仕立て、参道や流鏑馬馬場などに並べる。8月の立秋の前日から3日(年により4日)間、この幻想的な雰囲気に酔いしれて。

鶴岡八幡宮「ぼんぼり祭」

☎：0467-22-0315
⌂：鎌倉市雪ノ下 2-1-31
HP：hachimangu.or.jp
◷：8月立秋前日～9日
（3または4日間）
休：なし　¥：無料　P：あり
♥：JR鎌倉駅から徒歩10分
MAP：P186 マップ A

安野モヨコ画のぼんぼりも(2017年)。

9月の鎌倉オチビサンポ

Ochibi-san's Guide: September

白やピンクの小花があふれるように咲くはぎ、妖艶で神秘的なひがんばな、風に揺れるすすきなど、9月のおさんぽは秋の訪れを感じる草花がいっぱい。新旧のお店が並ぶ由比ガ浜大通りへ立ち寄ってみるのもおすすめ。

お店めぐりも
楽しむんだ

9月のオチビサンポおすすめコース

Ochibi-san's Recommended Course in September

プー
4

1. はぎとひがんばな散策

P122→P127

ピンクや白の小花が可憐なはぎ。対照的に、鮮烈な赤が妖艶なひがんばな。どちらも夏から秋に変わるこの季節を彩っています。

宝戒寺のはぎ。
→P125

約15分

浄光明寺のはぎ（左）とひがんばな（右）。
→P124

約20分

浄智寺のすすき。
→P128

2. すすき散策

すすきの穂が輝きはじめると、秋の訪れを感じます。浄智寺では鐘楼門をバックに、すすきがさらさらと風に揺れています。

P128

約20分

3. かわいくて楽しい小物のお店

紙ものや布もの、ステーショナリーなど、鎌倉の雑貨店には「かわいい」がつまっています。お気に入りがきっと見つかるはず。

P130↓P132

鎌倉・文具と雑貨の店 コトリでオリジナルの文房具を。
→P130

あれもいいな、
これもいいな。
目移りする
時間もいいな！

約5分

歩きながら
気になるお店を
見つけたら
立ち寄ってみて

4. 由比ガ浜大通りさんぽ

鎌倉駅の南から長谷寺方面へのびる由比ガ浜大通り。センスのいいショップが立ち並んでいて、そぞろ歩くだけでも楽しめます。

P133

手紙舎鎌倉店（左）をはじめ、たくさんのお店が並ぶ由比ガ浜大通り（右）。
→P132-133

はぎとひがんばな散策

Bush Clovers & Spider Lily Viewing

海蔵寺《かいぞうじ》

石段に押し寄せる
見事なはぎの花

真言宗の寺が焼失した跡地に、足利氏により命を受けた上杉氏が建立した寺。鎌倉の「花の寺」として知られ、いつ訪れても四季の美しい草花が絶えない。なかでも9月半ばに咲くはぎが見事で、ひと目見ようと多くの参拝客が訪れる。そのほか境内では、ひがんばなやふよう、しおん、ききょうといった多彩な秋の花を一度に楽しむことができる。

本殿前でも見られるはぎ。見ごろは意外と早く過ぎるので、時期をのがさないよう気をつけたい。

数本あるだけでも目を奪われてしまう、あざやかなひがんばな。花火のように広がる花弁が個性的。

はぎ［萩］

見ごろ：9月中旬～下旬
別名：はぎ（芽子）、
のもりぐさ（野守草）、
ほうぎそう（芳宜草）など
花言葉：思案、内気、想い、
やわらかな精神

山門前の石段を覆うように咲くはぎの花。まるでトンネルのよう。

☎：0467-22-3175
🏠：鎌倉市扇ガ谷 4-18-8
🕘：9:00-16:00　休：なし
¥：志納、十六の井 100円
P：あり
🚶：JR鎌倉駅から徒歩20分
MAP：P186 マップ B

（左）愛らしい薄ピンクのふようの花。（右）庭はこまやかに手入れされている。

浄光明寺《じょうこうみょうじ》

初秋の風を感じる
かくれた花の名所

足利尊氏や冷泉家ゆかりの地。9月中旬、寺の山門をくぐると客殿周辺で紫色のはぎの花がむかえてくれる。緑豊かな境内に、楚々とした趣を添える無数の小花。心静かに散策するのに最適な場所。9月下旬にはひがんばなが見ごろをむかえ、鮮烈な赤色が存在感を放つ。

北条長時を開基として1251(建長3)年に創建。

☎:0467-22-1359　🏠:鎌倉市扇ガ谷 2-12-1
🕘:9:00-17:00、
収蔵庫 10:00-12:00・13:00-16:00
休:なし
収蔵庫は月・火・水・金曜、8月、雨天休
¥:志納、収蔵庫 200円
P:なし　👟:JR鎌倉駅から徒歩15分
MAP:P186 マップ B

秋風に吹かれ、はぎの小花がそっと揺れる。

初秋を象徴するひがんばな。決して数多くはないが、境内の至るところで見ることができる。見ごろは10月上旬まで。

宝戒寺《ほうかいじ》

のびやかな枝ぶりが見事。主に見られるのは白はぎだが、ところどころにピンク色のはぎも混ざっている。

秋風にゆらめく
清楚で可憐な白はぎ

北条一族の魂を弔うために建立された、緑豊かな寺。「はぎ寺」として有名で、9月中旬の境内ははぎの花があふれんばかりに咲き誇る。すでに参道沿いからはぎが生い茂り、本堂へ通じる道のりも、折り重なるはぎの枝をかき分けて進むほど株が大きい。枝ぶりとは対照的に小花が可憐で、軽やかな秋の風によく似合う。この時季はひがんばなやほととぎすなどの花も楽しめる。

お彼岸あたりの時季に、約200株もの白はぎが花を咲かせる。

もうひとつの風物詩、ひがんばな。

白や黄色のひがんばなも見られる。

☎：0467-22-5512
住所：鎌倉市小町 3-5-22
時間：8:00-16:30 休：なし
¥：200円 P：なし
アクセス：JR鎌倉駅から徒歩12分
MAP：P186 マップA

ひがんばな散策

Spider Lily Viewing

東慶寺《とうけいじ》

美しくも妖艶な花に魅せられて

北鎌倉の東慶寺ではひがんばなが楽しめる。緑をバックに燃ゆるような赤が妖艶な雰囲気をかもし出す。十月桜やふようといった花々も見られる。寺では写経や坐禅会のほか、茶道などの体験もできる。

ひがんばな［彼岸花］

見ごろ：９月中旬～10月上旬
別名：まんじゅしゃげ（曼珠沙華）、しびとばな（死人花）、どくばな（毒花）、はみずはなみず（葉見ず花見ず）など
花言葉：情熱、独立、あきらめ、悲しい思い出

たった1、2本あるだけで、人を惹きつけるふしぎな魅力。花の期間は短いので見のがさないで。

庭には背の高い木々が勢いよく伸びている。木もれ日のなかをのんびり歩くと気持ちがいい。

真紅のひがんばなのまわりをクロアゲハが舞うようすはとても幻想的。

(左)600年あまり縁切り寺法を引き継いできた駆け込み寺として有名。(右)花々が金仏(かなぶつ)さまを彩る。

☎：0467-22-1663
⌂：鎌倉市山ノ内1367
HP：tokeiji.com
●：8:30-16:30（10～3月は8:30-16:00）
休：なし　¥：200円　P：なし
➤：JR北鎌倉駅から徒歩4分
MAP：P186 マップB

すすき散策

Japanese Silver Grass Viewing

すすき［芒、薄］

見ごろ：９月下旬～11月上旬
別名：かや（茅、萱）、おばな（尾花）
花言葉：活力、勢い、元気、
なびく心、心が通じる、憂い

鐘楼門は2007（平成19）年に再建されたが、上部には1649（慶安２）年の梵鐘が残っている。すすきと並んで、はぎも見ごろ。

浄智寺《じょうちじ》

北鎌倉のなかで最も野趣に富む古刹

１２８１（弘安４）年ごろ、北条宗政の三回忌に、妻が菩提を弔うために創建されたといわれる。自然豊かな林に囲まれた参道は野趣たっぷり。長い時を経た鎌倉石の階段をのぼっていくと、鐘楼門とすすきが揺らめく美しい風景がむかえてくれる。慈母観音さまや布袋さまなど石仏が数多く見られる境内を、秋の深まりを感じつつのんびりめぐりたい。

☎：0467-22-3943
🏠：鎌倉市山ノ内 1402
HP：jochiji.com　🕘：9:00-16:30
休：なし　¥：200円　P：あり
❤：JR北鎌倉駅から徒歩８分
MAP：P186 マップ B

愛嬌たっぷりのタヌキの置物とお墓も。

この時期、しおんの花も豊かに咲く。

オチビサンの昆虫採集帳

Ochibi-san's Insect Collection

春は美しい蝶を愛で、
オニヤンマを見て夏の終わりを感じ、
秋の夜長に虫の合唱に耳をすまし…。
豆粒町では、虫たちとともに
季節のうつろいを見つめています。

テントウムシ［天道虫］（2巻 P10）

セミ［蝉］（2巻 P70）

コカマキリ
（2巻 P54）

クマバチ［熊蜂］
（4巻 P32）

クモ［蜘蛛］
（9巻 P31）

ラミーカミキリ（6巻 P14）

ホタル［蛍］（2巻 P38）

ムカデ［百足］
（6巻 P32）

チョウ［蝶］
（2巻 P6）

トンボ［蜻蛉］
（3巻 P48）

秋の虫
（4巻 P58）

ヒメジャノメ［姫蛇目］
（4巻 P28）

（　）内はマンガ『オチビサン』の掲載巻・ページを記載しています。

かわいくて楽しい小物のお店

Lovely Variety Stores

昔ながらの「町の文具店」の雰囲気。セレクト商品のほか、約40種類のオリジナルグッズも。

鎌倉・文具と雑貨の店 コトリ

かまくら・ぶんぐと ざっかのみせ コトリ

レトロテイストの文房具とご対面

紙もの好きにはたまらない品ぞろえ。どこか懐かしかったり、かわいらしかったり。そんなノートやポストカード、ポチ袋などがお待ちかね。大仏さまやコトリのモチーフは要チェック。

コトリをデザインしたトートバッグやランチバッグはオリジナル。

☎：0467-40-4913　⌂：鎌倉市大町 2-1-11
HP：kamakura-kotori.com
🕘：11:00-18:00　休：月曜不定休
P：なし　🚶：JR 鎌倉駅から徒歩 7 分
MAP：P187 マップ D

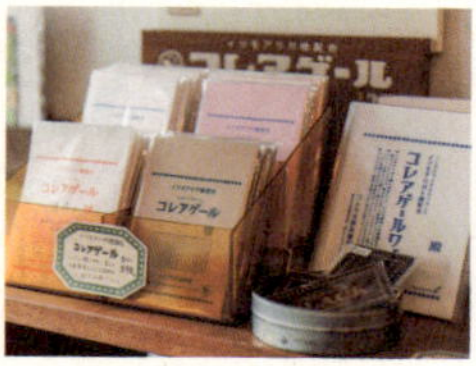

オリジナル封筒「コレアゲール」。

手作業で仕上げたご朱印帳など。

鎌倉八座《かまくらはちざ》

ご当地感あふれる
おみやげにときめく

高徳院の大仏さまや鶴岡八幡宮の鳩など、鎌倉がモチーフのもの、かつて「勝ち色」と呼ばれた藍色を施しただるまをはじめ、縁起ものが勢ぞろい。陶製の鳩の中に鎌倉にちなんだ〝お告げ〟が入った「鳩しるべ」は愛らしくて大人気。オチビサンのグッズも充実する。

オチビサンのコーナーには約70種類ほどのアイテムが並ぶ。

(上)観光客でにぎわう小町通りの一角にある。(右)「鳩しるべ」の「しるべ」は助け導くことの意味。

☎：0467-84-7766
🏠：鎌倉市小町 1-7-3
HP：kamakurahachiza.jp
🕘：9:30-18:30
休：無休（年始を除く）
P：なし
❤：JR鎌倉駅から徒歩3分
MAP：P186 マップA

鎌倉をはじめ、神奈川県内の工芸品、食品がズラリ。中川政七商店とのコラボグッズも展開する。

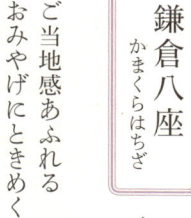

手紙舎鎌倉店《てがみしゃかまくらてん》

木版プリントの「admi」、水彩画ベースのテキスタイル「nani IRO」のハンカチに目うつりする。

鎌倉ならではの
クリエイターグッズを

ワクワク感をコンセプトにした編集チーム「手紙社」が手がけるショップで、主にイラストレーション、器、アクセサリーが15坪の店内にぎゅっとつまっている。大仏さまや江ノ電などをゆるいタッチで仕上げたハンコは、素描家しゅんしゅんさんによるもの。店内に6人掛けのテーブル席があり、水出しコーヒーを飲みながら、3週間ごとに替わる企画展を眺めるのも◎。

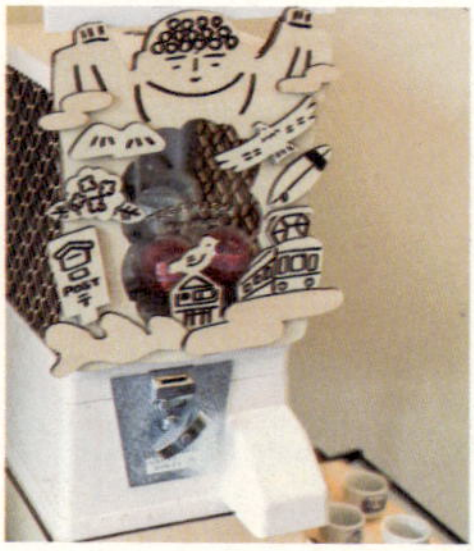

ガチャで高旗将雄さんのイラスト入りおちょこがゲットできる。

由比ガ浜大通りに立つ。

キュートなしゅんしゅんさんのハンコ。

☎：0467-38-5035　⌂：鎌倉市長谷 2-5-41
HP：tegamisha.com　🕘：11:00-18:00
休：火・水曜（祝日の場合は営業）　P：なし
♥：江ノ電由比ヶ浜駅から徒歩5分
MAP：P188 マップ E

由比ガ浜大通りさんぽ
Yuigahama-Odori Street

誘惑がたくさん
個性的なお店がずらり

個性的でおしゃれなお店が点在する由比ガ浜大通り。鎌倉のローカルな空気を感じながら、ゆっくりと食べ歩きやおみやげ探しが楽しめる。裏通りや脇道にも名店が多くある。

地元の雰囲気を満喫しながら楽しく散策。お気に入りのお店が見つかりそう。

老舗の和菓子屋からおしゃれなショップまで新旧入り乱れて点在。

♥：江ノ電和田塚駅、由比ガ浜駅、長谷駅から徒歩1分

MAP：P188 マップ E

JR鎌倉駅西口を出て御成門通りをまっすぐ抜けると、右方向へつづく通りが由比ガ浜大通り。

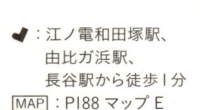

10月の鎌倉オチビサンポ

Ochibi-san's Guide: October

秋晴れに誘われておさんぽすれば、あちこちで出あうのは細長い茎の先に可憐な花をつけるしゅうめいぎく。木の枝先にはさまざまな秋の実もちらほらと。途中で見つけた、味のあるレトロ建築も訪ねてみて。

10月のオチビサンポおすすめコース

Ochibi-san's Recommended Course in October

どんぐりのくせに話しかけないでおくれよ
パンくいもやろうよ!
僕はウバメガシだったみたい
6

1. 秋の実としゅうめいぎく散策

青や紫に色づく野ぶどう、赤いなんてんなど、秋は小さな実が目を楽しませてくれます。愛らしいしゅうめいぎくも見のがせません。

P136 ↓ P140

木の実やどんぐり集めは楽しいな!

瑞泉寺のなんてん。→P136-137

約40分

東慶寺の野ぶどう(左)としゅうめいぎく(右)。→P138-139

すてきな秋みーつけた!

かわいい実が
宝石のように
輝いてる

浄智寺のこむらさき。
→P140

約5分

2. レトロ建築めぐり

鎌倉三大洋館をはじめ、レトロモダンな洋館が点在する鎌倉。古我邸では、建築美にうっとりしながら食事やお茶ができます。

P144
↓
P147

約15分

古我邸の西洋建築を楽しみながら
カフェでひと息。
→P144-145

約15分

3. 秋バラ散策

鎌倉文学館のバラ園を訪れると、多種多様なバラが咲き誇って、優雅な気分に。鎌倉ゆかりの名がつくものもあります。

P142
↓
P143

鎌倉文学館の秋バラ。
→P142-143

鎌倉文学館には
200種類もの
バラが植えられ
てるんだって！

ヨク・カキクー
キャクダ!!

秋の実としゅうめいぎく散策

Nuts, Berries & Japanese Anemone Viewing

瑞泉寺《ずいせんじ》

自然と信仰が織りなす美しい空間

周囲の紅葉が錦の屛風のようということから山号を「錦屛山」と銘打たれたほど。鎌倉公方代々の菩提寺という格式も随所に感じられ、自然と信仰が織りなす上質な芸術空間のようでもある。しゅうめいぎくや小菊、なんてんなどの実が境内を秋色に染める。参道は二股に分かれ、苔むした石段が非日常へと誘う。

主な実の種類
【なんてん、せんりょう、まんりょう】
なんてん（南天）は「難を転じる」に通じる名前から、せんりょう（千両）、まんりょう（万両）は小さな丸い実をたわわに実らせる姿から商売繁盛の縁起木とされている。

秋風に揺れる小菊。野趣あふれる花々に出あえる。

楚々と咲くしゅうめいぎく、美しい山並みと皇帝ダリアも見ごろ。

秋の気配につつまれ、たわわに実るなんてんの実。古都・鎌倉の美をしみじみと。

☎：0467-22-1191
🏠：鎌倉市二階堂 710
HP：kamakura-zuisenji.or.jp
🕘：9:00-16:30　休：なし
¥：200円　P：あり
👣：京急バス停「大塔宮」から徒歩 15 分
MAP：P187 マップ C

(左)縁起物としても人気のせんりょう。(右)葉の下に実がつくのはまんりょう。

東慶寺《とうけいじ》

秋の可憐な草花を愛で名刹のパワーをいただいて

この時期の東慶寺は、白やピンク、一重や八重咲きとさまざまなしゅうめいぎくをはじめ、しおん、野ぶどうなどの秋の植物に心が癒される。かつては男子禁制で「駆け込み寺」「縁切り寺」として女性を救済してきた尼寺。過去の想いを断ち切って良縁を、と願う人にもおすすめのパワースポットが、前向きな思いに変えてくれるはず。水月堂に祀られている水月観音像の特別拝観（要予約）もある。

主な実の種類

【野ぶどう】

濃淡の青や紫色に色づく野ぶどうの実が境内にたくさん見られる。

秋を謳歌するかのようなりんとした咲き姿。

庭の柵に沿って色づく野ぶどう。色とりどりの宝石のよう。

しゅうめいぎく［秋明菊］
見ごろ：９月中旬～10月下旬
別名：きぶねぎく（貴船菊）、
あきぼたん（秋牡丹）
花言葉：うすれゆく愛、あわい思い、忍耐

白にピンクに赤紫、八重咲きもある。優雅で可憐なしゅうめいぎく。

☎：0467-22-1663
🏠：鎌倉市山ノ内 1367
HP：tokeiji.com
🕘：8:30-16:30（10～3月は8:30-16:00）
休：なし　¥：200円　P：なし
👟：JR 北鎌倉駅から徒歩４分
MAP：P186 マップ B

（左）いい香り…と思ったら金木犀が。（右）本堂は宝形造の屋根。

秋の実散策

Nuts & Berries Viewing

こむらさき（小紫）が紫色のきれいな実をつける。

浄智寺《じょうちじ》

自然の趣を感じ
子ども心がよみがえる

山に囲まれ、閑寂なたたずまいの禅寺。鐘楼門や三体の仏像が鎮座する曇華殿も布袋さまも祀られる。自然を色濃く残し、柿やこむらさき、参道にはどんぐりなど、秋らしく色づく木の実が風情を添える。

主な実の種類

【柿、こむらさき、どんぐり】

寺に向かう途中の石段にはどんぐりの実が落ちている。曇華殿前に大きな柿の木、境内にはこむらさき（小紫）が見られる。

木立に囲まれた静かな境内は国の史跡に指定されている。

☎：0467-22-3943
🏠：鎌倉市山ノ内 1402
HP：jochiji.com　🕘：9:00-16:30
休：なし　¥：200円　P：あり
♥：JR北鎌倉駅から徒歩８分
MAP：P186 マップ B

どんぐりを見ると心が子どもに戻る。

色づく柿は日本の秋の原風景。

オチビサンの実りの秋採集帳

Ochibi-san's Fruitful Autumn Collection

実りの秋。みずみずしいくだものや木の実がたくさんとれて、くいしんぼうのパンくいが大好きな季節。オチビサンはどんぐりやからす天狗に変身して秋を楽しんでいます。

秋の実 Autumn Fruits and Berries

なし［梨］
（9巻 P42）

かき［柿］
（7巻 P40）

くり［栗］
（4巻 P80）

かりん［花梨］
（7巻 P38）

野ぶどう［野葡萄］
（7巻 P37）

どんぐり［団栗］
（1巻 P76）

びなんかずら
［美男葛］
（3巻 P80）

さんしょう［山椒］
（9巻 P45）

きのこ Mushrooms

オチビダケ
（1巻 P74）

きのこの階段
（9巻 P48）

はなおちばたけ［花落葉茸］
（8巻 P82）

（　）内はマンガ『オチビサン』の掲載巻・ページを記載しています。

秋バラ散策

Autumn Rose Viewing

鎌倉文学館《かまくらぶんがくかん》

加賀前田家ゆかりの洋館で秋もバラ鑑賞を

鎌倉ゆかりの文学の博物館として活用されているが、旧前田侯爵家の別邸だっただけあって格調と気品をそなえた建物が魅力的。色あざやかなステンドグラス、大理石の玄関、暖炉など見どころは随所に。窓の外に広がる湘南の海もすばらしく、なにより広大な庭園と秋の美しいバラを散策できるのがうれしい。その数実に約200種250株を楽しむことができ、甘い香りにつつまれて時間を忘れそう。

ロマンチックで優雅な気分にさせてくれるバラ。

色あざやかなものや、香りが良いものなどさまざまな品種がある。

バラ園には約200種も。見ごろにあわせて秋にもイベントがある。

バラ［薔薇］

見ごろ：10月中旬～11月上旬
花言葉：愛、美

☎：0467-23-3911　⌂：鎌倉市長谷1-5-3
HP：kamakurabungaku.com
🕘：9:00-17:00（10～2月は9:00-16:30）、入館は閉館30分前まで
休：月曜（祝日の場合は開館、5・6・11月は月1回の休館をのぞき開館）、年末年始、展示替・特別整理期間
¥：300-500円　P：なし
👣：江ノ電由比ヶ浜駅から徒歩7分
MAP：P188 マップE

（左）鎌倉文学館の外観と見ごろのバラ園。（右）夢心地の方、ご注意を。

レトロ建築めぐり

Modern Architecture Tour

古我邸《こがてい》

重厚感ある洋館で おいしい時間

1916(大正5)年に完成した鎌倉三大洋館のひとつ。現在は改修を経て、フレンチレストランに生まれ変わった。大正期のゆがんだ窓ガラスから眺める鎌倉の街はどこか新鮮。英国風のバックヤードはオープンカフェになっていて、気軽に立ち寄れるのがうれしい。メニューは、旬の食材と自家菜園の野菜にシェフの感性をかけあわせたもの。

☎：0467-22-2011
🏠：鎌倉市扇ガ谷 1-7-23
HP：kamakura-koga.com
🕘：11:00-21:00（20:00LO、カフェは日没まで）
休：火曜、第1・3月曜（祝日の場合は水曜）
P：なし　👣：JR鎌倉駅から徒歩5分
MAP：P186 マップA

小高い丘の上、1500坪の敷地に立つ黒い洋館。

鎌倉の自然をバックに、デザートやお茶を味わいながらカフェタイムを。

旧華頂宮邸《きゅうかちょうのみやてい》

庭園から見た旧華頂宮邸。戦前の洋風住宅建築としては鎌倉文学館につぐ大きさ。

侯爵邸の美しい外観と庭にため息が

1929（昭和4）年に華頂博信侯爵邸として建てられたもの。建築様式は、梁や柱の木組みの間に壁をつくるハーフティンバーと呼ばれるヨーロッパの古典スタイル。裏手に幾何学的なフランス式庭園が広がり、しだれ桜やバラ、あじさいなど、季節の花々が目を楽しませてくれる。通常は外観と庭園のみ見学可能で、春と秋にそれぞれ2日間だけ内部を一般公開。

エレガントな木造3階建て。緑色の銅板葺きの屋根も印象的。

☎：0467-61-3477（鎌倉市都市景観課）
🏠：鎌倉市浄明寺 2-6-37
HP：city.kamakura.kanagawa.jp/keikan/k-indexl.html
🕘：10:00-16:00（10～3月は10:00-15:00）
休：月・火曜（祝日の場合は翌平日）、年末年始
¥：無料　P：なし
👣：京急バス停「浄明寺」から徒歩5分
MAP：P187 マップ C

円弧形に張り出すテラスからの眺め。

初夏にはピンクのバラが咲き誇る。

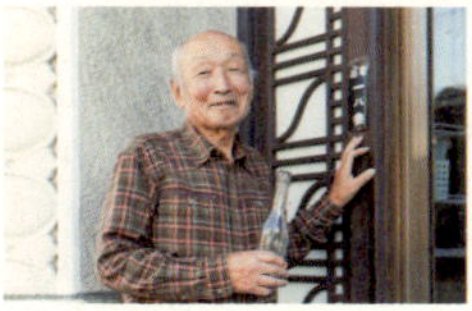

「店内で昭和初期の牛乳瓶を展示していますよ」と3代目店主。

柴﨑牛乳本店《しばざきぎゅうにゅうほんてん》

思わず足が止まる趣のある商店

由比ガ浜大通りで目を引くレトロな牛乳販売店。1889（明治22）年の創業で、1937（昭和12）年に改築して現在の店がまえに。かつてはこの場所に牧場を持ち、牛乳の製造もしていたそう。

☎：0467-22-0018
🏠：鎌倉市長谷 2-4-34
HP：shibazaki-milk.co.jp
🕘：9:00-16:00
営：月・火・木・金曜　P：なし
✔：江ノ電由比ヶ浜駅から徒歩3分
MAP：P188 マップ E

長谷子ども会館《はせこどもかいかん》

クラシカルな装飾に目を見張る

1908（明治41）年に完成した木造2階建ての洋風トラス小屋組。旧諸戸邸とも呼ばれ、長谷子ども会館として利用されていたが、現在は閉館中。ギリシア建築を取り入れるなど、手のこんだ意匠があちらこちらに。

ギリシア建築のスタイルを取り入れ、バルコニーの柱にメダリオン飾りが。

☎：0467-61-3477（鎌倉市都市景観課）
🏠：鎌倉市長谷 1-11-1
HP：city.kamakura.kanagawa.jp/keikan/ke12.html
🕘 休：外観のみ見学可　P：なし
✔：江ノ電由比ヶ浜駅から徒歩5分
MAP：P188 マップ E

11月の鎌倉オチビサンポ

Ochibi-san's Guide: November

空気に冷たさを感じるころになると咲きはじめるさざんか、小ぶりながら楚々とした花をつける十月桜は、色の少ない景色に彩りを添えてくれる貴重な冬の花。鎌倉のふしぎスポットの散策も楽しんで。

11月のオチビサンポおすすめコース

Ochibi-san's Recommended Course in November

冬枯れの街並みに山茶花《さざんか》や椿《つばき》が色をそえ
5

1. さざんか散策

P150→P153

晩秋の境内に色を添えるのは、ピンクや白をまとったさざんか。しとやかに咲く姿を見ていると、いつしか心がなごむはず。

安国論寺のさざんか。
→P152-153

安国論寺の白いさざんかは樹齢350年だって。すごいな

約15分

妙本寺の守護神、蛇苦止大明神。
→P157

2. 鎌倉のふしぎめぐり

P156→P157

天狗姿の半僧坊大権現を祀る半僧坊や、蛇になった娘の苦悩を鎮める蛇苦止大明神など、古都・鎌倉のふしぎにふれてみませんか。

鎌倉にはふしぎがたくさん！

葛原岡神社の「縁結び石」。

→P157

葛原岡神社のさざんか。

→P150-151

約35分

約45分

半僧坊の天狗像。

→P156

半僧坊の参道には天狗の像がたくさん！

約20分

十月桜は長い期間観賞できるよ

3. 冬のさくら散策

P154

薄紅色の十月桜は、下から上へポツリポツリと咲くのが特長。おだやかな晩秋の陽光を受けて、境内で八重の花が輝いています。

円覚寺の十月桜。

→P154

いくつもの匂いが全部混ざって秋の匂い

さざんか散策
Sasanqua Viewing

葛原岡神社《くずはらおかじんじゃ》

縁結びの神さまのもと
季節の花を愛でる

後醍醐天皇の側近として、鎌倉幕府倒幕に向けて活躍した日野《ひの》俊基《としもと》卿を祀るため、1887（明治20）年に創建された比較的新しい神社。現在は開運、学業の神として崇敬されている。境内に鎮座する大黒像は縁結びの神さまで、江戸後期、農村復興に尽力した二宮尊徳（金次郎）邸のくすのきから彫ったという。春はさくら、初夏はあじさいに彩られ、晩秋にはさざんかが花開く。葛原岡神社が位置する源氏山公園内でも観賞できるので、小高い山の自然とあわせて楽しみたい。

葛原岡ハイキングコースを利用する場合は、JR北鎌倉駅から徒歩35分で到着。

つばきとよく似ているさざんか。色や花弁の数も多種多様。つばきよりもひと足早く見ごろをむかえる。

さざんか［山茶花］

見ごろ：10月下旬～12月
別名：ひめつばき（姫椿）、
　　　こつばき（小椿）など
花言葉：困難に打ち克つ、ひたむきさ

☎：0467-45-9002　🏠：鎌倉市梶原 5-9-1
HP：kuzuharaoka.jp
🕘：自由、社務所受付 8:30-16:30
休：なし　¥：無料
P：あり（土日祝日は10:00-17:00交通規制）
👣：JR鎌倉駅から徒歩 35分
MAP：P186 マップ B

晩秋の斜陽を受け、さざんかが情緒ある表情を見せる。

（左）神社手前に富士山のビュースポットが。　（右）龍の手水舎。

安国論寺

あんこくろんじ

さざんかに心安らぐ日蓮宗の寺

日蓮ゆかりの寺で、１２５３（建長５）年の建立。境内の岩窟で『立正安国論』を著し、政治や宗教のあるべき姿を前執権・北条時頼に訴えた。熊王殿の脇から階段を上がると富士見台があり、日蓮が毎日、富士山に向かって法華経を唱えたと伝わる。茶席では甘納豆と和三盆がつく抹茶を味わい、ひと息つきたい。甘納豆は先代住職が考案した蓮の実を使ったためずらしいもの。晩秋のさざんかのほか、春の妙法桜も鎌倉市天然記念物。

地名から「松葉ヶ谷(まつばがやつ)のお祖師さま」と呼ばれる。

富士見台からの眺めはすばらしく、手前に大町、材木座地区の街並み、その向こうに青い海が広がる。

樹齢350年のさざんか。本堂前で白い花が咲き乱れる。

：0467-22-4825
：鎌倉市大町 4-4-18
：9:00-16:30
休：月曜（祝日の場合は開門）　¥：100円
P：なし　：JR鎌倉駅から徒歩15分
MAP：P187 マップ D

(左)心がおだやかになる光景。(右)しとやかに咲くさざんか。

冬のさくら散策
Winter Cherry Blossom Viewing

晩秋の空に映える十月桜。山門を見おろす場所に立つ。

円覚寺《えんがくじ》

鎌倉五山のひとつで十月桜のお花見を

建長寺に次ぐ、鎌倉五山(鎌倉にある臨済宗の五大寺)の第2位。二度にわたる元との戦いで亡くなった両軍の兵士を供養するため、北条時宗が宋から無学祖元を招いて建立した。山門をくぐり、左手にある松嶺院に向かうと、「十月桜」が薄紅色をした八重の花を見せ、楽しませてくれる。一度にパッと咲かず、下の方からポツリポツリと開花し、長い期間、観賞できる。

じゅうがつざくら［十月桜］

見ごろ：10～4月
花言葉：寛容、神秘的な心

☎：0467-22-0478
🏠：鎌倉市山ノ内409　HP：engakuji.or.jp
🕘：8:00-16:30（12～2月は8:00-16:00）
休：なし（荒天の日のみ休）　¥：300円
P：なし　♥：JR北鎌倉駅から徒歩1分
MAP：P186 マップ B

足元にもご注目。ひめつるそばが咲く。

十月桜は1年に2回、花開く。

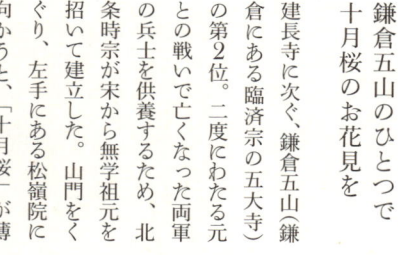

オチビサンの秋採集帳

Ochibi-san's Autumn Collection

ナゼニは読書の秋。
ジャックはすすき野原でじゃれるのに夢中。
アカメちゃんは月を見ると悲しくなるけれど
きんもくせいがお気に入り。
今年も、豆粒町の小さい秋、見つけた。

秋の花たち Autumn Flowers

きんもくせい
［金木犀］
（3巻 P66）

きく［菊］
（9巻 P41）

やまうど［山独活］
（4巻 P64）

なでしこ［撫子］（7巻 P32）

秋の七草（7巻 P32）

落ち葉あそび Playing with Fallen Leaves

落ち葉かるた
（9巻 P54）

落ち葉のしおり
（4巻 P76）

植物採集帳
（5巻 P55）

秋の風物詩 Autumn Features

十五夜
（7巻 P30）

お月見
（1巻 P60）

（　）内はマンガ『オチビサン』の掲載巻・ページを記載しています。

山の中腹で12体の天狗像が出むかえてくれる。半僧坊は災害除けのご利益もあるそう。

半僧坊《はんそうぼう》

天狗姿をした建長寺の鎮守

建長寺境内の最奥で半僧坊大権現を祀る半僧坊。半僧坊大権現は建長寺の鎮守で、火伏せの神。天狗の姿であることから、参道の石段脇には大天狗をはじめ小天狗の像が置かれているのだとか。

秋の紅葉シーズンには、半僧坊へつづく石段沿いが赤く彩られる。

建長寺

☎：0467-22-0981
🏠：鎌倉市山ノ内8
HP：kenchoji.com　🕓：8:30-16:30
休：なし　¥：500円　P：あり
♥：JR北鎌倉駅から徒歩15分
MAP：P186 マップB

天狗像とともに見おろす鎌倉の街並みや山々は絶景。

葛原岡神社《くずはらおかじんじゃ》

悪縁を絶つと同時に良縁を願う

縁結びの神、大黒さまを祀る祠の前に「縁結び石」（左下）と呼ばれる2つの大きな石が並ぶ。女性は向かって右の「男石」に、男性は左の「女石」に赤い糸を通した五円玉を結びつけ、よいご縁を願う。ほかにも境内には「魔去ル石」（上）もあり、ここでは素焼きの盃を石に投げつけ、魔が去ることを祈る。

「魔去ル石」に盃を投げげる。魔が去るが転じて、勝るに。

たくさんの五円玉が結ばれた「縁結び石」。
縁結びの絵馬やお守りなども授与している。

☎：0467-45-9002　🏠：鎌倉市梶原 5-9-1
HP：kuzuharaoka.jp
🕘：自由、社務所受付 8:30-16:30
休：なし　¥：無料
P：あり（土日祝日は10:00-17:00 交通規制）
👣：JR 鎌倉駅から徒歩 35 分
MAP：P186 マップ B

蛇苦止大明神《じゃくしだいみょうじん》

蛇になった娘の苦悩を鎮める

妙本寺の守護神である蛇苦止大明神。鎌倉時代、北条氏によって滅ぼされた比企一族の娘である若狭局は、入水したのち、蛇に身を変えて北条の娘にとり憑いたという。そこで、霊を慰めるために日蓮が法華経をもって若狭局を成仏させ、蛇苦止大明神と名づけて祀るようになった。

日蓮宗の古刹、妙本寺の境内にひっそりと立つ。

毎月1日に例祭が行われる。お堂近くには蛇苦止さまの井戸が。

妙本寺
☎：0467-22-0777　🏠：鎌倉市大町 1-15-1
HP：myohonji.or.jp　🕘：9:00-16:00ごろ
休：なし　¥：志納　P：なし
👣：JR 鎌倉駅から徒歩 10 分
MAP：P186 マップ A

12月の鎌倉オチビサンポ

Ochibi-san's Guide: December

温暖な気候ゆえに鎌倉の紅葉の見ごろは遅く、11月中旬から12月中旬まで楽しめます。秋から冬へ移り変わる季節を感じながら、赤や黄色に色づいた木々にうっとり。小腹がすいたらおいしいパンでひと休み。

12月のオチビサンポおすすめコース

Ochibi-san's Recommended Course in December

なるほど
こりゃあ
あたたかい
オチビ…
このまま春まで
ねてたいよ
6

1. 紅葉さんぽ

P160↓P169

紅葉の名所が多い鎌倉。燃えるような紅葉を前にすると思わずため息がもれてしまいます。明月院では趣のある丸窓からの観賞もおすすめ。

円覚寺の紅葉。
→P163

約5分

建長寺の紅葉。
→P164-165

明月院の丸窓から見た庭。→P160-162
（明月院→建長寺は約15分）

地面に落ちた
紅葉も
また格別

約25分

荏柄天神社の大銀杏。
→P166-167

わぁ！
大銀杏の
黄葉も
きれいだな！

2. 幸せいっぱいのパン

鎌倉には、地元っ子に愛されるベーカリーが勢ぞろい。素材にこだわったパン、食パンやベーグル専門店など、どれもおいしそう。

P170
↓
P172

約20分

？？？
どういうこと?!
フフフ…
うず高く
つまれたパン
6

なみまちベーグルの
体にやさしいベーグル。
→P171

約10分

3. 紅葉さんぽ（ライトアップ）

日が暮れたら、ライトアップされた紅葉は必見です。昼間とはちがった境内のしっとりとした雰囲気に酔いしれてしまうかも。

P169

ライトに
照らされた
長谷寺の紅葉は
とても幻想的

長谷寺の
紅葉ライトアップ。
→P169

紅葉さんぽ
Leaf Viewing

吹く風も冷たくなるころ、
木々の葉はあざやかな
赤や黄色に染まる。
さあ、錦秋のかがやきを見に
鎌倉の紅葉さんぽへ。

明月院の「悟りの窓」から見た本堂後庭園もあざやかに色づく。→**明月院P162**

明月院《めいげついん》

境内すべてが見どころ。竹林の中の紅葉もすばらしい。

燃えるような紅葉を
ぜいたくに味わうなら

明月院の丸窓「悟りの窓」から見た景色（前ページ）に思わずほうっと声がもれた人も多いかも。刻々と色を変え、趣を深めていく紅葉にあわせて何度足を運んでも飽きることのないのが明月院。四季それぞれにすばらしいが、この季節はより幻想的で神秘的。自然を愛してきた日本人ならではのしつらえは、訪れる人を魅了してやまない。

茶々橋の上のウサギとカメ。ほっこりするような注意書き。

後庭園も特別公開される。拝観料は別途。

総門まではのどかな小道がつづく。

☎：0467-24-3437
🏠：鎌倉市山ノ内189
🕘：9:00-16:00（6月は8:30-17:00）
休：なし　¥：500円　P：なし
🚶：JR北鎌倉駅から徒歩10分
MAP：P186 マップB

円覚寺《えんがくじ》

華やぎあり風格あり 多彩な紅葉の競演

横須賀線からも見える門前の紅葉は、北鎌倉を代表する紅葉といっても過言ではないかもしれない。写真映えのするあざやかな紅葉風景が楽しめる。総門前の紅葉をひとしきり味わったら、圧倒されるほどの大きさの山門をくぐって進み、仏殿でまず参拝。さらに奥へと進めば座禅道場「選仏場」、そして「居士林」へ。円覚寺のなかでもおすすめの紅葉スポットだ。江戸時代の絵図をもとに復元された「妙香池」へもぜひ。

☎：0467-22-0478
⌂：鎌倉市山ノ内 409
HP：engakuji.or.jp
🕘：8:00-16:30（12～2月は8:00-16:00）
休：なし（荒天の日のみ休）
¥：300円　P：なし
👣：JR北鎌倉駅から徒歩1分
MAP：P186 マップ B

方丈庭園の北にある「妙香池」。「虎頭岩」と呼ばれる岩も配置されている。

総門の階段を上がると、その一帯もすばらしい紅葉の名所。

建長寺《けんちょうじ》

色とりどりの紅葉が織りなす極彩色の世界

建長寺は春のさくらに彩られた姿も華やかだが、紅葉の時期、赤や黄色の極彩色に染まった境内もまた格別で、訪れる人を楽しませる。方丈脇の紅葉をはじめ、広大な境内にはもみじ、ドウダンツツジ、さくらなどの紅葉スポットが点在する。建長寺の奥座敷ともいえる半僧坊一帯も見のがせない。総門からは30分ほどかかるが、参道も紅葉につつまれるので、風景を楽しみつつあっという間の散策。

☎：0467-22-0981　⌂：鎌倉市山ノ内8
HP：kenchoji.com　◷：8:30-16:30
休：なし　¥：500円　P：あり
♥：JR北鎌倉駅から徒歩15分
MAP：P186マップB

国重要文化財の三門と紅葉。春にはさくらが美しい場所。

国の名勝・方丈庭園（上右）でも紅葉が楽しめる。半僧坊からは建長寺全景を見渡すことができる。紅葉につつまれたまたとない瞬間を。

荏柄天神社《えがらてんじんしゃ》

堂々たる御神木
大銀杏の黄葉は圧巻

日本三古天神に数えられる荏柄天神社。この時季の見どころは樹齢900年以上といわれる御神木の大銀杏。1104（長治元）年、晴天の空が突如として暗くなり「天神画像」が降りてきた。神験をおそれた里の人々はその地を踏まないようにと銀杏を植えたと伝えられる。高さ25m、胴まわり10mの古木は、黄葉が美しく、市の天然記念物に指定されている。

（上）ちょっとめずらしい「三択おみくじ」。（右）石段の上から見た景観。

☎：0467-25-1772　⌂：鎌倉市二階堂 74
HP：tenjinsha.com　🕘：8:30-16:30
休：なし　¥：無料　P：なし
👣：京急バス停「天神前」から徒歩３分
MAP：P187 マップ C

天神様を祀る御社殿。向かって右手には鎌倉一早咲きの梅「寒紅梅」が。

本堂裏も赤や黄色に染まる。見上げると空に描かれた模様のよう。

瑞泉寺《ずいせんじ》

紅葉ヶ谷にあるお寺 いざ鎌倉の奥座敷へ

瑞泉寺の一帯は「紅葉ヶ谷」と呼ばれ、その名の通り、期待をはずさない紅葉スポット。さらに、瑞泉寺の山号である「錦屏山」は、寺を囲む山々が錦の屏風のように美しく紅葉することから名づけられた。境内には立派なかえでが立ち並び、あざやかに色づく。作庭家・夢窓国師が岩盤を削ってつくり上げた岩の庭園も有名で、色づく山を借景とした姿も見ておきたい。

瑞泉寺といえば岩の庭。豪華な紅葉とは趣を変えて。

☎：0467-22-1191
🏠：鎌倉市二階堂 710
HP：kamakura-zuisenji.or.jp　🕘：9:00-16:30
休：なし　¥：200円　P：あり
👣：京急バス停「大塔宮」から徒歩 15 分
MAP：P187 マップ C

周囲の山々を借景に。

青々とした竹林とのコントラスト。

妙本寺《みょうほんじ》

祖師堂と紅葉。まるで絵画のような美しさ。

深い緑に抱かれた名刹 紅葉が彩りを添える

山門にかかるような紅葉にはじまり、祖師堂まで山に囲まれた参道も紅葉の道に。鎌倉最大級の木造仏堂である祖師堂ではしばし足をとめて、静かな紅葉の一場面を味わいたい。日蓮宗最古という由緒ある寺院らしく、深みのある紅葉の名所だ。

(上)二天門前のかえでは見どころのひとつ。 (下)かわいいお客さまも。

☎：0467-22-0777
🏠：鎌倉市大町 1-15-1
HP：myohonji.or.jp
🕘：9:00-16:00ごろ　休：なし
¥：志納　P：なし
✔：JR鎌倉駅から徒歩10分
MAP：P186 マップA

長谷寺《はせでら》

閉山時間が早いので行く前に下調べを。

灯りにつつまれた 幻想風景

四季折々の花で有名な長谷寺は、紅葉の最盛期はライトアップでむかえてくれる。特に、方丈池のほとりのかえでは必見。灯りの演出もあわさり、トンネルのようになる圧巻の紅葉が堪能できる。竹林やお堂なども幻想的な雰囲気につつまれる。

紅葉も建物も仏像も。ライトアップの効果でいつもとちがった表情が。

☎：0467-22-6300
🏠：鎌倉市長谷 3-11-2　HP：hasedera.jp
🕘：8:00-17:00（10～2月は8:00-16:30）
休：なし　¥：400円　P：あり
✔：江ノ電長谷駅から徒歩5分
MAP：P188 マップE

幸せいっぱいのパン

Bread with Full of Happiness

焼きたてのパンときたらなんといいにおい！

動物パンのねこ240円（左）、はりねずみ240円（右）はバター、チョコ、ナッツ入り。見た目も味もほっこり。ハサミで立てたトゲや耳の食感がいい。

にちりん製パン《にちりんせいパン》

研鑽をつんだ店主のこだわりと遊び心

北鎌倉駅からほど近い、かわいらしいパン屋さん。地産地消にとりくむ湘南小麦をすべてのパンに使い、ルヴァン（小麦）とレーズンの2種の自家製酵母種を使い分けてつくるパンは、シンプルで風味豊かなセミハード系。人気の動物パン「ハリネズミ」もやわらかいけれど食べごたえがある。

店内に飾られた奥さまのイラストにも心がなごむ。

撮影：荻原浩人

☎：0467-67-3187

🏠：鎌倉市山ノ内 1388

HP：r.goope.jp/nichirinseipan

🕘：10:30-17:00　休：木・金曜

P：なし　🚶：JR 北鎌倉駅から徒歩３分

MAP：P186 マップ B

フランスパン230円、ハートのチョコフランス300円、ブール640円。

にちりん製パン

素敵なご夫婦が営むお店。

なみまちベーグル

鎌倉の路地裏、築100年超の古民家を改装したカフェ。

古民家カフェで
体にやさしいベーグル

ベーグルはすべて店内の工房で手づくり。希少小麦「はるゆたか」、天然酵母、天日塩、はちみつだけを使い、外はカリッとなかはもちふわの食感がくせになる。良質な素材にこだわり、体にやさしいベーグルづくりを心がけている。

さまざまな具材を練りこんだベーグルが常備約15種。

写真提供：なみまちベーグル
☎：080-4578-7373
住所：鎌倉市坂ノ下 19-12
HP：namimachi.mystrikingly.com
営業時間：9:30-16:00　休：なし　P：なし
アクセス：江ノ電長谷駅から徒歩５分
MAP：P188 マップ E

Bread Code by recette《ブレッドコード バイ ルセット》

世界一おいしいといわれる小麦「キタノカオリ」を使った食パン。

鎌倉でしか買えない
プレミアムな食パン

国産原材料１００％の食パン専門店。モッチリ系食パンは山型・角型プレーン、角型リッチの3種、ふんわり系は「鎌倉食パン」「星の井食パン」がある。耳のおいしさにこだわり、型にバターを塗って焼くため、香ばしさと甘みが出る。

星の井食パン780円はとろけるような食感。毎日14:00から数量限定販売。

写真提供：Bread Code
☎：0467-53-7307
住所：鎌倉市坂ノ下 22-23
HP：bread-code.com
営業時間：10:00-17:00（売り切れ次第終了）
休：不定休　P：なし
アクセス：江ノ電長谷駅から徒歩５分
MAP：P188 マップ E

KIBIYA BAKERY
キビヤベーカリー

甘いパンから食パン、スコーンまで多彩なパンがそろう。

遠方からのファンも多い路地裏のパン屋さん

鎌倉の人気店で遠方から足をはこぶ人も多い。お目当ては自家製の天然酵母と無農薬国産小麦、石臼挽き全粒粉、ライ麦、天塩、浄水を使ったこだわりのパン。保存料や添加物は使わず、独特の酸味と香ばしさ、重量感のある食感が楽しい。

（上）御成通りの小径、ネコの看板が目じるし。（下）プレーン食パンは1斤640円。

写真提供：KIBIYA BAKERY
☎：0467-22-1862
：鎌倉市御成町5-34
：10:00-18:00
休：水曜　P：なし
：JR鎌倉駅から徒歩5分
MAP：P186 マップA

La forêt et la table
ラフォレ・エ・ラターブル

ハード系のパンを中心に約30種類が並ぶ。バゲットが人気。

地元の人にも愛されるハード系のパン

鎌倉六地蔵にあるおしゃれなブーランジェリー。自家製の酵母を使い、一晩ゆっくりねかせて味を引き出し、なかはしっとり、噛むたびに風味が広がる。おいしいなにかとご一緒に。どうぞいかが？

（上）夫婦で営むパン屋さん。（下）ハード系混ぜこみのパンも充実。

写真提供：La forêt et la table
☎：0467-24-5222
：鎌倉市由比ガ浜1-3-16-1A
HP：facebook.com/La-foret-et-la-table-499151463450122
：10:00-16:00ごろ（売り切れ次第終了）
休：月・火曜　P：なし
：JR鎌倉駅から徒歩7分　MAP：P186 マップA

もっと！鎌倉オチビサンポ

More Ochibi-san's Guide to Kamakura

本当はひみつにしたい、
オチビサンたちの
とっておきの場所や、
鎌倉で出あえる動物たち、
うれしいおみやげなどをご紹介。
鎌倉めぐりの楽しさが
さらに広がります。

オチビサンのひみつの場所
Ochibi-san's Secret Areas

ひっそりとたたずむ赤いらんかんの琴弾橋は、オチビサンの大のお気に入りの場所。むかし、この橋の近くに琴弾きの松があり、松の枝が風に揺れると琴を弾くような美しい音がしたと伝えられる。

琴弾橋《ことひきばし》

情趣あふれる
朱塗りのらんかん

MAP：P186マップA

琴弾橋も、下を流れる滑川も静けさが魅力。

人力車が琴弾橋を渡る姿も絵になる。

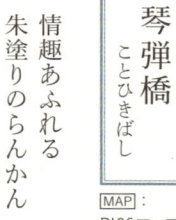

報国寺《ほうこくじ》～滑川周辺《なめりがわしゅうへん》

地元の人に愛される落ちついたさんぽ道

MAP：P187マップC

金沢街道沿いを流れる滑川ではコイやカモが気持ちよさそう。

地元の人たちにとっても、毎日のおさんぽコース。

報国寺の山門前から金沢街道に向かう左手にある「田楽辻子（でんがくずし）のみち」は石垣に沿った細い道。緑に囲まれた静かな道で、オチビサンたちのひみつのおさんぽコース。

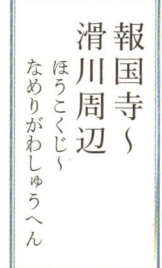

瑞泉寺～鎌倉宮の住宅街を流れる水路。自転車で走るのも気持ちいい。オチビサンたちは笹舟を流して遊んだり。

瑞泉寺～鎌倉宮周辺《ずいせんじ～かまくらぐうしゅうへん》

緑に囲まれた水路脇をのんびり

MAP：P187 マップC

水路の脇にかわいい花、見つけた！

むかしながらの長屋もちらほら。

暑い日はジャックが木かげで涼んでいるかも。

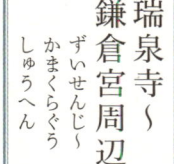

荏柄天神社～雪ノ下3丁目周辺《えがらてんじんじゃ～ゆきのした3ちょうめしゅうへん》

MAP：P187 マップC

明るくのどかなおさんぽコース

荏柄天神社の入口（二の鳥居手前）。地元の人たちは前を通る際、天神様に一礼をして行く。

横浜国立大学の附属小学校横のさんぽコースもオチビサンたちのお気に入り。

荏柄天神社から清泉小学校へとつづくのどかな道。雪ノ下3丁目は清泉小～横国大附属小あたり。

鎌倉のポスト

ポストを見つけて手紙を送ろう

鎌倉にはレトロな赤いポストが点在。ポストを見つけたら、大切なあの人に、鎌倉の思い出をつづって手紙を送るのも楽しいはず。

角型ポストも少し古い型でノスタルジック。

都心ではめずらしくなってしまった丸型ポストが各所に。

鎌倉で出あえる動物たち

Various Animals in kamakura

ご主人と
おさんぽするイヌやネコ、
野生のリスや野鳥たち、
八幡さまの白いハト…。
鎌倉は、動物たちとの
出あいも楽しいところ。

円覚寺の境内でひと休み。

明月院のネコ。ほかにもたくさんの動物が。

暑い日のおさんぽルックは麦わら帽子。

寄りそう２匹。

ハトは「八幡さまのお使い」。

鶴岡八幡宮のとても人なつこいリス。

梅とメジロは春を感じる取りあわせ。

明月院の鳥かごにとまるヤマガラ。

美しい青い野鳥、ルリビタキ。

横断歩道をかっぽするカラス。

源平池でたそがれる(?)アオサギ。

ユリカモメが源平池の前に整列。

オチビサンと動物の仲間たち

Ochibi-san and Animal Friends

ひとりで豆粒町に引っ越してきたオチビサン。ナゼニやパンくいだけでなくたくさんの動物の友だちができました。こうしてオチビサンは豆粒町の住人となったのです。

スズメ（9巻 P30）

カラスの「ヨム」（8巻 P36）

トンビの「ニラムナ」（8巻 P21）

ネズミ（1巻 P96）

リス（8巻 P86）

メジロとウグイス（9巻 P68）

ナメクジ（7巻 P5）

カタツムリ（2巻 P8）

カエル（5巻 P11）

みんなで豆まき（6巻 P55）

みんなで雨やどり（4巻 P20）

豆粒町のお花見会
小鳥にへんしん
（9巻 P21）

（　）内はマンガ『オチビサン』の掲載巻・ページを記載しています。

とっておきの鎌倉みやげ

Lovely Souvenirs from Kamakura

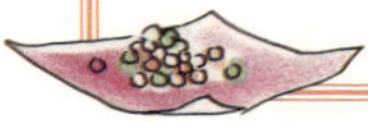

食べておいしい、もらってうれしい、旅の思い出に残る、とっておきの鎌倉みやげをお持ち帰り。

01 鎌倉の老舗和菓子店・豊島屋には「小鳩豆楽」(缶入) 648円(左)、「鳩サブレー」(手提げ入り) 648円(右)のほかにもさまざまなお菓子が。

02 トレードマークのリスをあしらった「クルミッ子マスキングテープ」380円(左上)、「クルミッ子」(5個入り) 670円(右)は鎌倉の名物お菓子。(すべて税別)

04 菓子研究家いがらしろみさんのお店のジャム。左「Caramel Bretagne」(30g) 490円(税別)、右「Anniversaire」(30g) 490円(税別)はおうち型のBOX入り。

03 「プティ・フール・サレ」1944円。ミネラル豊富な塩と、ハーブやトマト、チーズなどの素材を生かした上品な味とソフトな食感が魅力。

04 Romi-Unie Confiture
ロミ・ユニ コンフィチュール
☎:0467-61-3033
住所:鎌倉市小町 2-15-11
HP:romi-unie.jp
時間:10:00-18:00
休:無休 (年末年始除く)
P:なし
アクセス:JR鎌倉駅から徒歩5分
MAP:P187 マップC

03 鎌倉レ・ザンジュ
かまくらレ・ザンジュ
☎:0467-23-3636
住所:鎌倉市御成町 13-35
HP:lesanges.co.jp
時間:10:00-19:00
休:無休
P:なし
アクセス:JR鎌倉駅から徒歩2分
MAP:P186 マップA

02 鎌倉紅谷 八幡宮前本店
かまくらべにや はちまんぐうまえほんてん
☎:0467-22-3492
住所:鎌倉市雪ノ下 1-12-4
HP:beniya-ajisai.co.jp
時間:9:30-17:30 (土日祝 9:30-18:00)
休:無休　P:なし
アクセス:JR鎌倉駅から徒歩7分
MAP:P187 マップC

01 豊島屋 本店
としまや ほんてん
☎:0467-25-0810
住所:鎌倉市小町 2-11-19
HP:hato.co.jp
時間:9:00-19:00
休:水曜 (不定期)
P:なし
アクセス:JR鎌倉駅から徒歩5分
MAP:P187 マップC

06　見た目も楽しくさまざまなフレーバーのドーナツ。左から「シナモン」185円、「いちじく」280円、「レモンクリームチーズ」280円。（すべて税別）

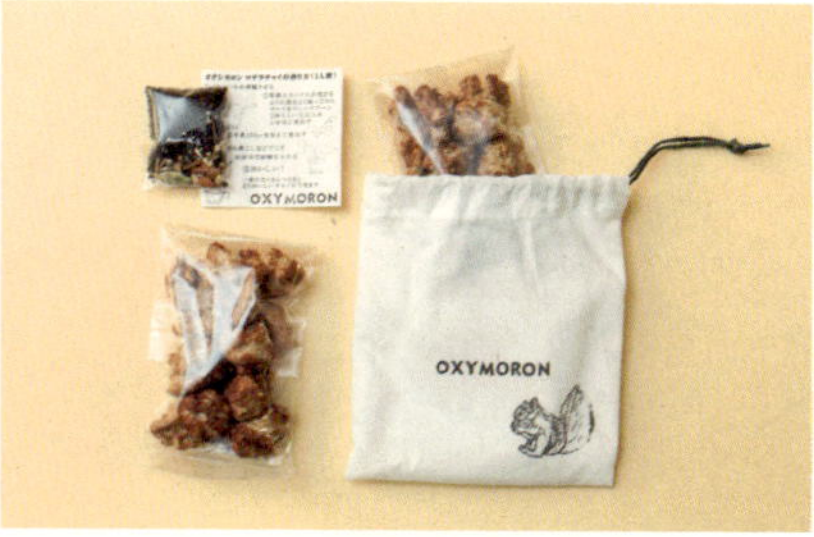

05　「1人前チャイ」129円（左上）、「くるみのおやつ」540円はカレーを食べたあとにぴったりで、おみやげにもうれしい。→**OXYMORON P53**

08　毎朝手づくりされる、なめらかでふわふわな食感の「麩まんじゅう」1個180円。5個以上から素敵なイラスト入りの箱（150円）に入れてもらえる。

07　つきたてのやわらかい餅とあんこのバランスが絶妙な「力餅」（10個入）670円。求肥（ぎゅうひ）や、季節限定でよもぎ入りのものもある。

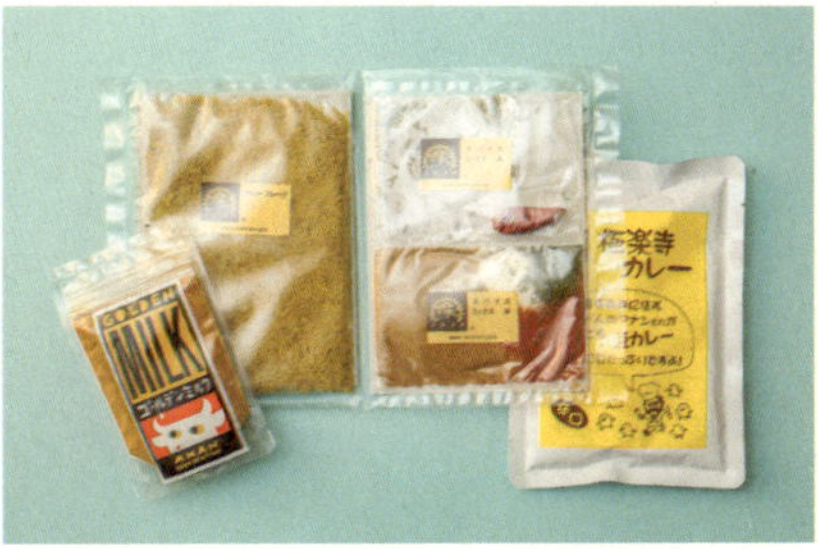

10　本格スパイス商・アナン邸の「ゴールデンミルクブレンド」700円（右）、「カレーブック」644円（中）、「レトルト極楽カレー」480円（左）。（すべて税別）

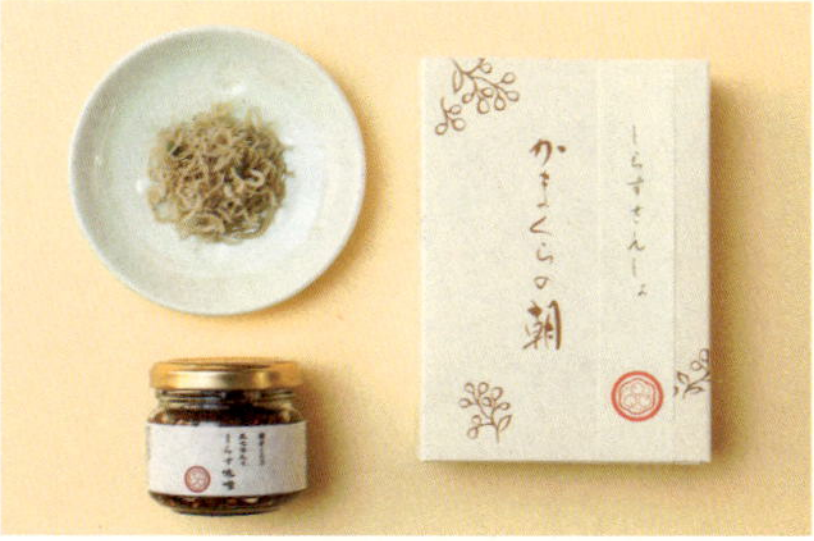

09　上「かまくらの朝 浅炊き白づくり」1200円（税別）、下「しらす味噌 生七味入り」650円（税別）はごはんが進むこと間違いなし！

09　鎌倉とも乃　鎌倉本店
かまくらともの かまくらほんてん
☎：0467-84-8003
⌂：鎌倉市雪ノ下 2-12-11
HP：kamakura-tomono.com
◷：10:00-18:00
（冬季は17:00まで）
休：月曜（祝日の場合は翌日）
P：なし
✔：JR鎌倉駅から徒歩15分
MAP：P186 マップ B

08　麩帆
ふはん
☎：0467-24-2922
⌂：鎌倉市長谷 1-7-7
◷：10:00-17:00
休：月曜
P：なし
✔：江ノ電由比ガ浜駅から徒歩3分
MAP：P188 マップ E

07　力餅家
ちからもちや
☎：0467-22-0513
⌂：鎌倉市坂ノ下 18-18
◷：9:00-18:00
休：水曜、第3火曜
P：なし
✔：江ノ電長谷駅から徒歩6分
MAP：P188 マップ E

06　ミサキドーナツ鎌倉店
ミサキドーナツかまくらてん
☎：0467-55-9946
⌂：鎌倉市由比ヶ浜 1-1-7
HP：misakidonuts.com
◷：11:00-18:00
（土日・祝日は10:00-18:00）
休：無休（臨時休業あり）
P：なし
✔：JR鎌倉駅から徒歩5分
MAP：P187 マップ D

12　鎌倉八座の「鎌倉ハニカムコーヒー」640円（税別）は、北鎌倉の焙煎工房・ベルタイム珈琲とコラボした３種のブレンドが楽しめる。→**鎌倉八座P131**

11　マスターが焙煎するスペシャルなコーヒー豆（左）は100g 756円〜、カップオンタイプのお手軽な「Cap on Cup Coffee」（右）は１個200円。

14　店オリジナルのポストカード162円（左上）、切手各150円（左下）、「旅日記」648円（中）、「コトリ飴」480円（右）。→**鎌倉・文具と雑貨の店 コトリP130**

13　鎌倉の名所や四季の花木が描かれた「木版手摺はがき」は各100円（税抜）。あたたかみのあるやさしいタッチの絵に思わず顔がほころぶ。

16　遊び心のある絵柄でラインナップも豊富。お弁当包み布「bento（かまかま）」900円（左）、ガーゼハンカチ500円（中）、「鎌倉の手拭い」1000円（右）。（すべて税別）

15　豊島屋は鳩のグッズも大人気。「鳩サブレーマグネット」650円（左）、「鳩妻鏡」810円（右上）、「鳩クリップス」650円（右下）。→**豊島屋 本店P180**

16　nugoo 鎌倉 二の鳥居店
ぬぐう 鎌倉 にのとりいてん
☎：0467-22-4448
住所：鎌倉市小町 2-10-12
HP：grap.co.jp/nugoo
時間：10:30-19:00
（土日祝 10:00-19:00）
休：無休
P：なし
アクセス：JR鎌倉駅から徒歩５分
MAP：P187 マップC

13　公文堂書店
こうぶんどうしょてん
☎：0467-22-0134
住所：鎌倉市由比ガ浜 1-1-14
HP：facebook.com/kohbundou
時間：10:30-18:00
休：木曜、第３水曜
P：なし
アクセス：JR鎌倉駅西口・江ノ電和田塚駅から徒歩５分
MAP：P187 マップD

11　café vivement dimanche
カフェ・ヴィヴモン・ディモンシュ
☎：0467-23-9952
住所：鎌倉市小町 2-1-5
HP：dimanche.shop-pro.jp
時間：8:00-19:00
休：水・木曜
P：なし
アクセス：江ノ電極楽寺駅から徒歩４分
MAP：P186 マップA

10　アナン邸
アナンてい
☎：0467-25-6416
住所：鎌倉市極楽寺2-6-14
HP：e-anan.net
時間：10:00-17:00（不定期）
休：不定休
P：なし
アクセス：江ノ電極楽寺駅から徒歩４分
MAP：P188 マップE

オチビサンの鎌倉花ごよみ帳

Ochibi-san's Flowers by Season in Kamakura

鎌倉の
花と緑の名所を
さらに紹介するよ！

・ろうばい［蝋梅］〈12月中旬〜2月〉
宝戒寺、海蔵寺、光則寺、瑞泉寺、長谷寺

・すいせん［水仙］〈12月中旬〜2月下旬〉
宝戒寺、海蔵寺、浄智寺、浄光明寺、瑞泉寺

・ぼたん［牡丹］〈1月〜2月中旬、4月上旬〜5月上旬〉
鶴岡八幡宮

・うめ［梅］〈1月下旬〜3月上旬〉
浄妙寺、報国寺、宝戒寺、妙本寺、荏柄天神社、安国論寺、英勝寺、光則寺、光触寺、浄智寺、浄光明寺、東慶寺、青梅聖天社

・つばき［椿］〈1月下旬〜4月上旬〉
浄妙寺、報国寺、宝戒寺、妙本寺、円覚寺、海蔵寺、源氏山公園、光則寺、瑞泉寺、大巧寺

・もくれんの仲間（こぶし、もくれん、白もくれんなど）〈3月中旬〜4月上旬〉
円覚寺、浄智寺、建長寺、浄光明寺、東慶寺、別願寺、宝戒寺

・しだれ桜［枝垂桜］〈3月下旬〜4月上旬〉
円覚寺、浄智寺、建長寺、明月院、東慶寺、安国論寺、英勝寺、瑞泉寺、本覚寺

・さくら［桜］〈3月下旬〜4月上旬〉
鶴岡八幡宮、建長寺、長谷寺、高徳院、円覚寺、源氏山公園、浄智寺、段葛

・カイドウ［海棠］〈4月上旬〜下旬〉
光則寺、海蔵寺、妙本寺

・新緑〈4〜6月〉
瑞泉寺、杉本寺、報国寺、源氏山公園、浄妙寺

・つつじ［躑躅］〈4月中旬〜5月上旬〉
安養院、英勝寺、荏柄天神社、海蔵寺、瑞泉寺

・ふじ［藤］〈4月下旬〜5月上旬〉
鎌倉宮、英勝寺、光則寺、瑞泉寺、別願寺

・バラ［薔薇］〈5月中旬〜6月中旬、10月中旬〜11月上旬〉
鎌倉文学館

・あじさい［紫陽花］〈6月初旬〜下旬〉
明月院、円覚寺、光則寺、長谷寺、浄智寺、瑞泉寺、東慶寺

・のうせんかずら［凌霄花］〈7月上旬〜下旬〉
妙本寺、海蔵寺、本覚寺、光則寺

・はす［蓮］〈7月中旬〜8月上旬〉
光明寺、鶴岡八幡宮、本覚寺

・さるすべり［猿滑］〈7月下旬〜9月上旬〉
極楽寺、英勝寺、海蔵寺、長谷寺、本興寺

・ふよう［芙蓉］〈8〜9月〉
極楽寺、妙隆寺、海蔵寺、瑞泉寺

・はぎ［萩］〈9月中旬〜下旬〉
海蔵寺、浄光明寺、宝戒寺、建長寺、寿福寺、浄智寺、長谷寺

・ひがんばな［彼岸花］〈9月中旬〜10月上旬〉
海蔵寺、浄光明寺、宝戒寺、東慶寺、英勝寺、

・しゅうめいぎく［秋明菊］〈9月中旬〜10月下旬〉
瑞泉寺、東慶寺、浄智寺

・すすき［芒、薄］〈9月下旬〜11月上旬〉
浄智寺、安養院、成就院、高徳院

・秋の実〈10〜11月〉
瑞泉寺、東慶寺、浄智寺、安国論寺、円覚寺、海蔵寺

・さざんか［山茶花］〈10月下旬〜12月〉
葛原岡神社、安国論寺、源氏山公園、瑞泉寺、杉本寺、報国寺、妙本寺

・十月桜〈10〜4月〉
円覚寺、東慶寺、長谷寺

・紅葉〈11月下旬〜12月〉
明月院、円覚寺、建長寺、荏柄天神社、瑞泉寺、妙本寺、長谷寺、海蔵寺、浄妙寺、報国寺、浄智寺、東慶寺、源氏山公園

は本書で紹介した名所です。

鎌倉オチビサンポマップ

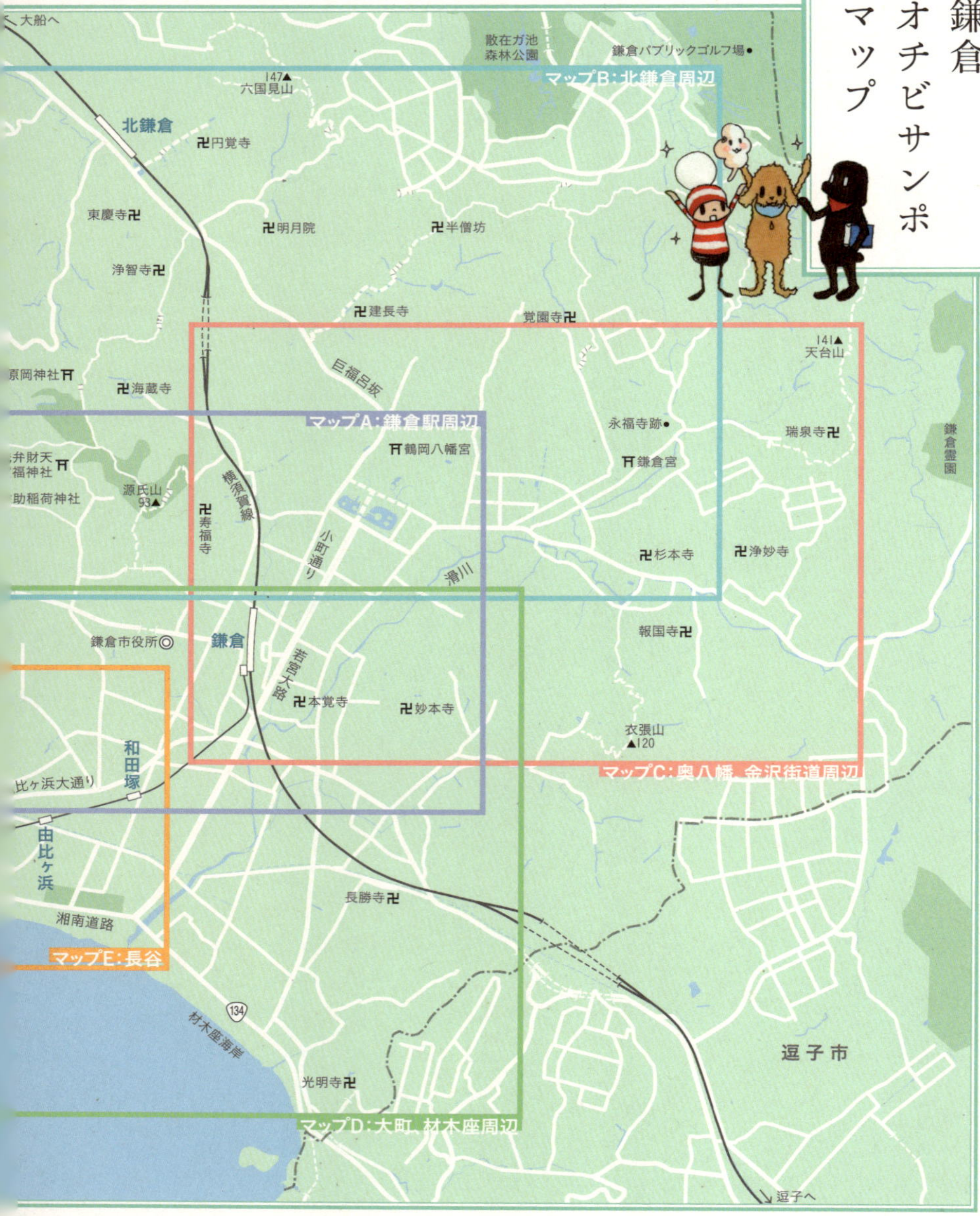

大船へ
東海道本線
湘南町屋
鎌倉中央公園
柏尾川
湘南深沢
横須賀水道
藤沢市
湘南モノレール
鎌倉市
笛田公園
湘南江の島へ
西鎌倉
片瀬山
高徳院
長谷寺
鎌倉広町緑地
極楽寺
極楽寺
江ノ島へ
鎌倉高校前
七里ヶ浜
江ノ島電鉄
七里ヶ浜
134
稲村ヶ崎
N
0
0.5
1km
相模湾
稲村ヶ崎

マップA：鎌倉駅周辺

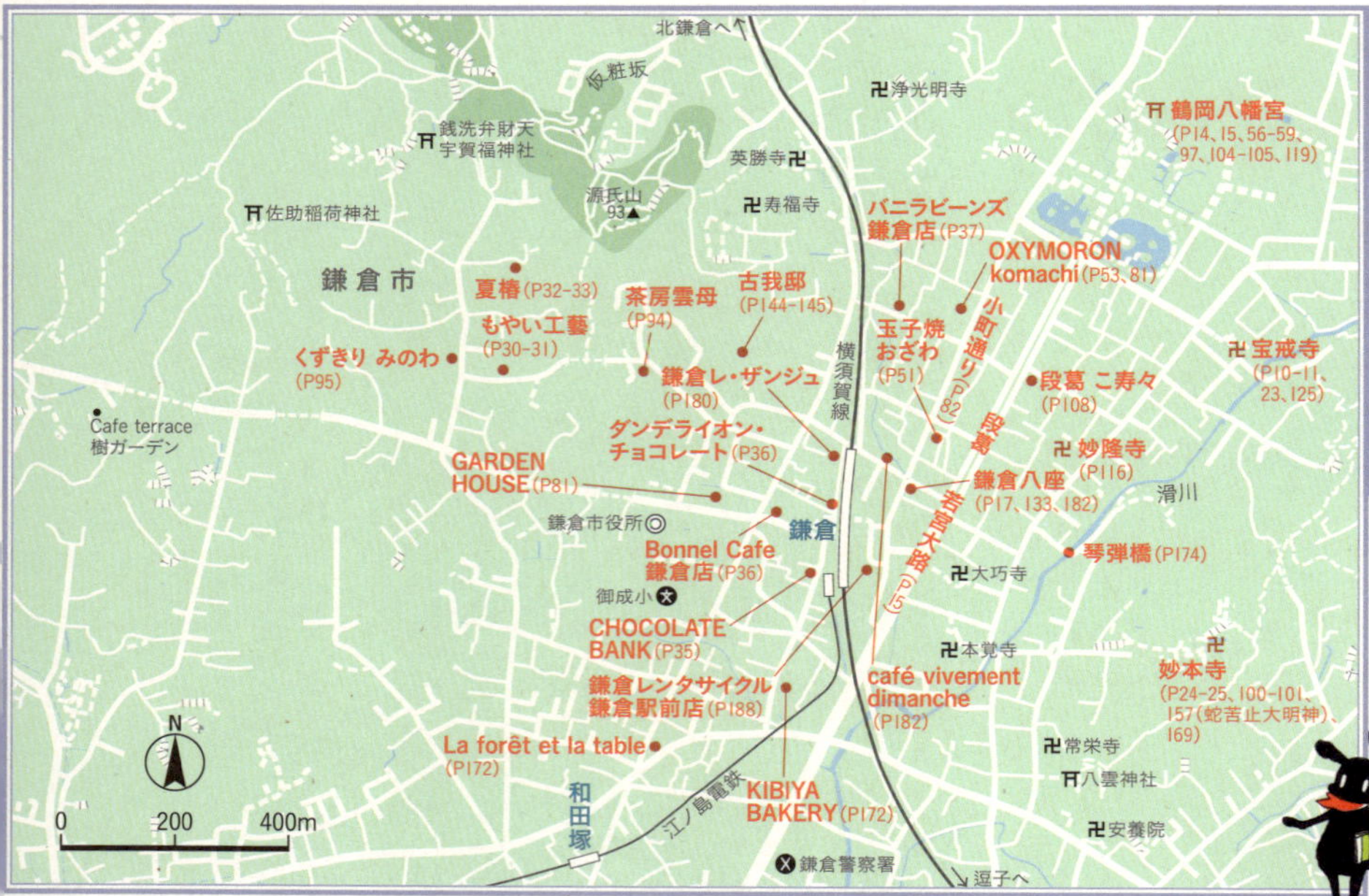

マップB：北鎌倉周辺

マップC：奥八幡・金沢街道周辺

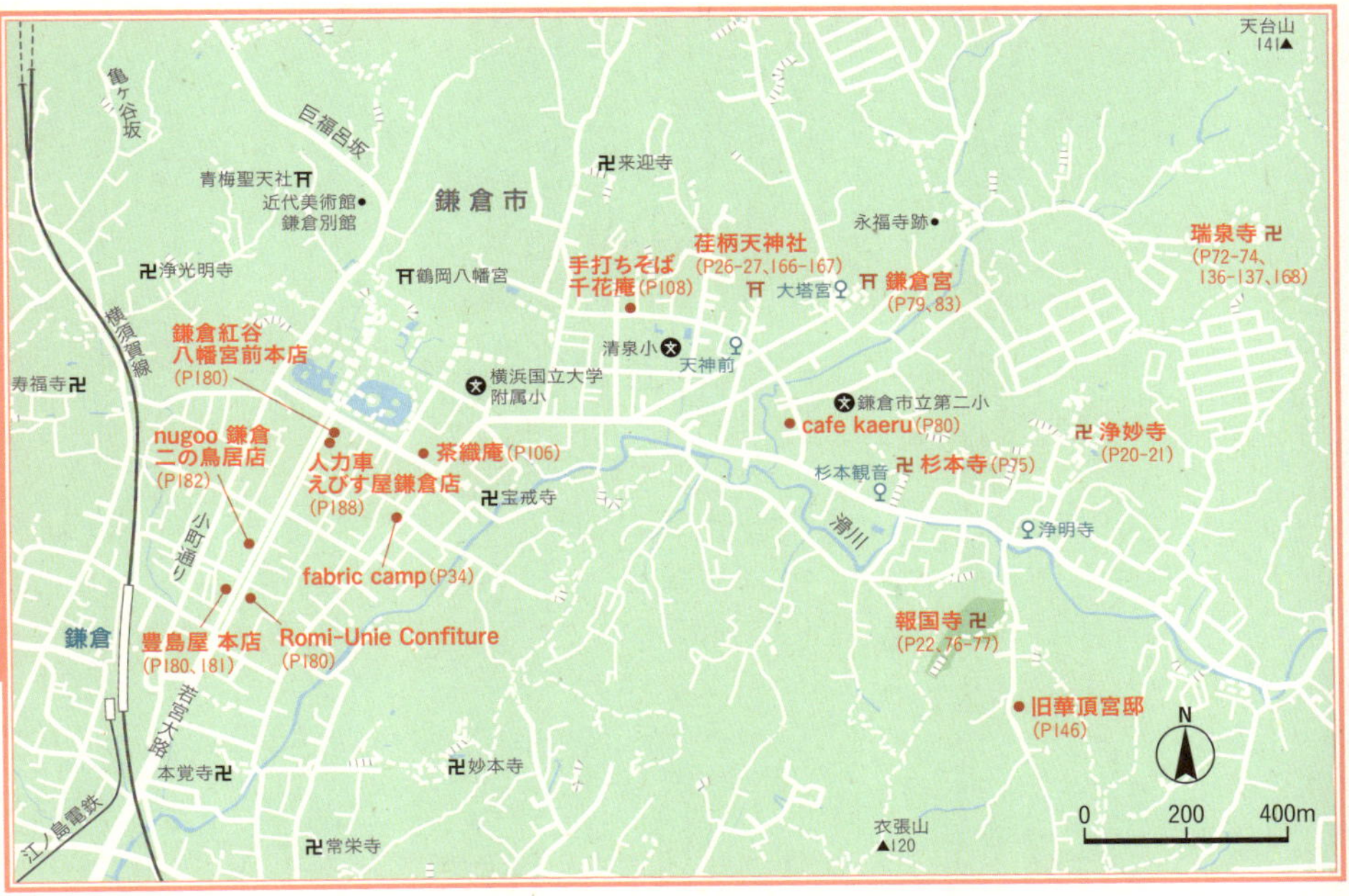

マップD：大町、材木座周辺

マップE：長谷

人力車にのって

素敵な車夫さんと
鎌倉の町を楽しく散策。
思い出に残る
旅になりそう…！

人力車 えびす屋鎌倉店

☎：0467-61-3344
🏠：雪ノ下 1-12-3-1F
HP：ebisuya.com
🕘：9:00～日没（季節により変更）
休：なし　P：なし
👟：JR鎌倉駅から徒歩 1 分
¥：1名3000円～、
2名4000円～
MAP：P187 マップ C

レンタサイクルを使って

自転車でスーイスイ。
鎌倉の風を感じながら
少し遠くまで
自転車さんぽ。

鎌倉レンタサイクル鎌倉駅前店

☎：0467-24-2319
🏠：鎌倉市小町 1-1
HP：jrbustech.co.jp/kamakura
🕘：8:30-17:30
休：1月1～3日　P：なし
👟：JR鎌倉駅から徒歩 1 分
¥：普通自転車 1 時間 600 円～、
1 日 1600 円～
MAP：P186 マップ A

オチビサンの世界をもっと知りたい方は
マンガ『オチビサン』1〜9巻を読んでね！

安野モヨコ著 / 朝日新聞出版刊

オチビサン公式サイトはこちら→ochibisan.com

索引

花と緑

寺社

見る、イベント

食べる

おかいもの

安野モヨコ（あんの・もよこ）

1971年生まれ、漫画家。1989年に別冊フレンド（講談社）よりデビュー。1996年に発表した『ハッピー・マニア』は今までにないセンセーショナルな恋愛ストーリーに多くの女性読者が共感。続いて、『さくらん』『シュガシュガルーン』『働きマン』『オチビサン』を発表。『美人画報』や『くいいじ』などのエッセイも連載。2013年より『鼻下長紳士回顧録』の連載開始。2018年3月に完結。2019年10月号より雑誌『FEEL YOUNG』で『ハッピーマニア』の続編『後ハッピーマニア』が連載開始。

鎌倉オチビサンポ
―花ごよみとめぐる旅―

2019年10月1日 第1刷発行

監修 安野モヨコ
アートディレクション・デザイン 渡辺真由子（Oshidori）
デザイン 八田さつき
写真 安彦幸枝
執筆 小野泰子 しもむらよしこ
藤原真理子 吉田美保
編集協力 村井清美（風日舎） 梅村知代（風日舎）
小山内美貴子
地図 株式会社 千秋社
校正 株式会社 鴎来堂
協力 株式会社 朝日新聞出版
編集 荒川佳織

発行人 三芳寛要
発行元 株式会社 パイ インターナショナル
〒170-0005 東京都豊島区南大塚 2-32-4
TEL 03-3944-3981
FAX 03-5395-4830
sales@pie.co.jp

ISBN978-4-7562-4970-8 C0026
Printed in Japan